성공은 바보다

성공을 부르는 5가지 습관

성공은 바보다

초판 1쇄 인쇄일_2011년 1월 3일
초판 1쇄 발행일_2011년 1월 10일

지은이_고환택
펴낸이_최길주

펴낸곳_도서출판 BG북갤러리
등록일자_2003년 11월 5일(제318-2003-00130호)
주소_서울시 영등포구 여의도동 14-5 아크로폴리스 406호
전화_02)761-7005(代) ㅣ 팩스_02)761-7995
홈페이지_http://www.bookgallery.co.kr
E-mail_cgjpower@yahoo.co.kr

ⓒ 고환택, 2011

값 12,000원

* 저자와 협의에 의해 인지는 생략합니다.
* 잘못된 책은 바꾸어 드립니다.

ISBN 978-89-6495-011-1 03320

성공을 부르는 5가지 습관

성공은 바보다

고환택 지음

성공은 바보다

성공한 사람에게는
사회적으로, 도덕적으로
남보다 더 겸손해지고,
더 열심히 살라는
의무와 책임이 주어진다.

BIG 북갤러리

[성공은 바보다.]

누구나 생명에 대한 탄생은 축복으로 여긴다. 책 한 권이 세상에 나와 독자들의 품에 안기는 것도 하나의 축복이다. 새 생명을 잉태시키듯 저자의 혼(魂)과 열정이 뒷받침되지 않으면 한 권의 책이 세상에 나올 수 없듯이 긴 세월의 정성을 먹고 《성공은 바보다》 책 한 권이 나왔다.

[여행은 모르는 세상에 발자국을 남기는 것]

처음에 《철든 놈이 성공한다》라는 책을 낼 때만 해도 그다지 힘이 드는지 몰랐다. 아마도 처음으로 책을 낸다는 설렘이 힘든 과정을 이겼기 때문일 것이다. 책을 출판하고 뜻하지 않게 많은 독자님들에게 사랑을 받고, 언론매체에서 큰 관심을 보였을 때 자신 스스로도 의아

했다.

　스스로 생각을 해도 그다지 내세울 만한 성공을 이룬 것도 아니고, 전문 작가처럼 잘 쓴 글도 아니다. 그러나 진솔하게 쓰인 활어회처럼 꼬들꼬들한 맛이 독자님들을 자극한 것 같다. 아무튼 너무 감사할 일이다. 제조업을 하는 중소기업 CEO에게도 이런 행운이 오는구나 절감을 하였다.

　그 후 독자님들에게 보답을 해야겠다는 생각이 간절했다. '간절하면 통한다.' 책을 써야 하는 입장이 보통 힘든 게 아니었지만, 시나브로 글을 쓰다 보니 또 한 권의 원고가 준비되었다. 새 생명을 탄생시키듯 정성스럽게 지은 밥으로 독자님들이 맛있게 드실 밥상을 준비하고 있다. 아마도 독자들의 사랑이 없었으면 중도 포기해야 할 입장이었지만, 비록 힘은 들어도 가을바람에 힘을 불어 넣어주는 고마운 독자님들 때문에 여기까지 오게 되었다고 고백하고 싶다. 이제는 독자님들께서 바라는 사회적인 책임까지 두 어깨에 짊어지고 가는 행복한 남자가되고 말았다.

[꿈을 찾아 떠나는 여행]

　많은 독자님들의 과분한 사랑을 너무 많이 받았다는 이유로 혹자는 성공했다고 축하의 손을 내민다. 혹자는 유명해졌다며 사인을 요구하기도 한다. 그럴 때마다 내 마음은 기쁨보다는 앞으로 더 열심히 살아야겠구나 하는 책임감과 함께 내가 받은 과분한 사랑과 애정에 대해서 반드시 빚을 갚아야 한다는 숙제가 생기게 되었다. 그것이 사회적, 도덕적 의무감을 다하는 일이라 생각되었다.

[내 인생의 봇짐에는 무엇을 담을까?]

책의 제목을 무어라 지을까 한참을 고심하다 결국에는 아! 바로 '성공은 바보'로구나 하는 생각이 들었다. '무언가 시도하지 않았으면 좀 더 게으름을 부리며 편하게 살았을 텐데, 하지 않아도 될 수고를 해야 하니……' 라고 생각하여 《성공은 바보다》로 결정을 하였다. 지금까지 힘든 일, 어려운 일 내색하지 않고 바보처럼 살아왔고, 여기서 머물지 않고 앞으로도 더 부지런한 바보로 세상을 살고 싶은 욕심을 책 속에 담아 보았다. 바보처럼 살고 싶어서…….

[좋은 습관 하나는 성공의 보약이다.]

어쩌면 내가 걸어 온 길보다 미래에 가야 할 길이 더 많은 사람이기에 앞으로도 바보처럼 살지 않으면 안 되겠다는 생각이 먼저 든다. 게으름을 부리며 자만하고, 교만한 모습으로 휘청거리며 살고 싶지 않다. 예스 리더스 강사로 청년 및 대학생들에게 창업특강을 하면서 내가 힘든 만큼 세상이 밝아진다는 사실을 알았기 때문이다. 이 사회와 국가가 나에게 성공을 주었다면 국가와 사회에 봉사하는 일이 최소한의 예의라 생각하기 때문이다. 《성공은 바보다》로 제목을 설정한 것도 같은 맥락에서 생각하면 옳을 듯싶다.

[성공에도 자격증시대가 열렸다.]

성공에도 라이선스가 있다. 성공 자격증은 국가 자격시험이 아닌, 본인이 본인 스스로에게 부여하는 자격증이다. 이름하여 '성공의 5가지 끈'을 견고히 부여잡는 것이 결국 성공의 자격을 갖는 것이라고 말하고 싶다.

세상은 5가지 끈을 가지고 경쟁한다. 성공의 5가지 끈은 꿈의 끈, 배움의 끈, 일의 끈, 행동의 끈, 인연의 끈을 말한다. 인생의 생명줄, 성공줄과 같은 '성공의 5가지 끈'을 부여잡고 누가 더 열심히 노력했느냐에 따라 성패가 좌우된다. 그래서 말한다. 당신이 온전한 발걸음으로 성공을 향해 걸어가고 싶거든 '성공의 5가지 끈'을 견고하게 부여잡으로고…….

[열정이 없으면 성공의 싹도 자라지 않는다.]

　역경은 사람을 강하게 만든다. 한 중소기업인이 사업을 하면서 겪어야 했던 고뇌와 좌절 그리고 재기 과정에서 부르짖는 애절한 절규다. 어떠한 일이 있어도 꿈을 놓지 말라. 인생이 그렇고, 사업이 그렇다. 날이면 날마다 햇빛만 보고 살아갈 수는 없다. 인생살이 희로애락이 있는 것처럼, 사업도 영광이 있으면 시련과 좌절도 겪게 마련이다.
　그 과정을 살아보니 오히려 힘든 일이 있을 때 그때가 축복이란 사실도 배웠다. 비록 남들처럼 화려하지도 않고, 내세울 만한 큰 성공은 아닐지라도 작지만 당당하게 시련을 헤쳐 온 그 잔잔한 성공스토리를 《성공은 바보다》를 통해서 세상에 알리고 싶었다.

[엄청난 유산을 받은 행운아?]

　나는 행운아였다. 부모님으로부터 엄청난 유산을 물려받은 사람이기 때문이다. 고 1학년에 아버님이 작고하시면서 '알바'를 통해 학비를 벌어야 했다. 그때부터 나는 강해져야 했다. 돌이켜 보면 작은

개는 크게 짖어야 한다는 소견명대(小犬鳴大) 자립심을 키우는 계기가 되었다. 어머님께서는 2009년 박사학위를 받고, 그 해 발행한 《철든 놈이 성공한다》 책 발간의 기쁨도 잠시하시고 아무런 유품도 남기지 않으시고, 돌아오지 못할 저 먼 하늘나라로 여행(?)을 떠나셨다. 그렇듯 부모님께서 남기신 유형의 유산은 아무것도 없다. 그러나 아버님이 돌아가시며 남기신 자립심, 독립심은 언제나 나를 지켜주는 힘이 되었고, 세상에 어느 어머니보다 열심히 사신 어머님께서는 그리움만 유산으로 남긴 채 떠나셨어도 당신께서 남기신 일과 일터에 대한 사랑은 나로 하여금 일에 대한 식지 않는 열정으로 부활하셨으니 그만한 유산이 어디 있겠는가! 소리 없이 내리는 가을비처럼 그리움과 고마움이 눈물 되어 흐른다.

[90%의 행복 법칙]

요즘 우리 사회는 모두 다 힘들다고 말한다. 하지만 누가 뭐래도 내 인생의 호황은 지금인 것 같다. 단지 바라는 게 많고, 욕심이 많을 뿐이다. 내가 원하는 것의 90%만 생각하라. 아내에게 내가 원하는 것 90%를 요구하니 날마다 사랑스럽더라. 자녀들에게 내 욕심 90%만 원하니 날마다 기쁜 일밖에 없더라. 직원에게도 원하는 일 90%만 요구하니 우리 공장의 작업장에는 늘 웃음만 살아있는 행복 직장이 되더라. 세상에도 내가 원하는 것 90%만 요구하니 날마다 행복하더라. 이것이 '90%의 행복법칙'이다. 《성공은 바보다》를 통해 삶의 방식과 성공의 습관 그리고 행복 연출법을 세상에 선물하고 싶다.

[자수성가]

남들은 자수성가했다고 한다. 그럴 때마다 나는 결단코 '아니다'라고 말한다. 혼자만의 성공이 아닌 가족, 함께한 직원들 그리고 거래처의 고마운 분들이 곁에서 도와주었기에 가능했다고 말한다. 이는 자수성가가 아닌 함께 이룬 성공이라 생각하기 때문이다.

내가 일에 미쳐있을 때, 말없이 내조해준 아내와 티 없이 자라준 두 아들 그리고 재기를 할 수 있도록 나와 함께 땀 흘린 직원들에게 고맙다는 마음을 수줍게 전한다. 내가 이룬 것보다 더 마음 뿌듯하게 생각하는 것이 있다. 그것은 무엇보다도 곁에서 나를 아껴주는 고마운 지인 분들이다. 고마운 분들이 많이 계시지만 일일이 나열하지 못함에 대해 용서를 구하고 싶다.

한낮에 바쁘게 돌아가는 남동공단에도 어둠이 내린다. 5,000여 개 업체에서 열심히 근무하는 근로자들의 모습이 눈에 선하다. 열심히 땀 흘려 일하는 사람들, 그들이 웃어야 세상이 밝아진다. 그들이 행복해야 우리나라의 경제가 밝아진다.

이 한 권의 책이 열심히 일하며 미래를 꿈꾸는 많은 사람들에게 위로와 용기가 되고 창업을 꿈꾸는 젊은이들에게는 희망의 증거가 되었으면 좋겠다. 나의 경험이 실의에 빠져있는 사람들에게는 다시 일어 설 수 있는 계기가 되고, 성공을 갈구하는 많은 사람들에게 성공의 작은 단초(端初)가 되었으면 하는 게 나의 소박한 욕심이다.

행복한 철쟁이
고환택 Dream

차례

Part 2. 배움을 찾아 떠나는 여행

Part 3. 일을 찾아 떠나는 여행

Part 5. 가족과 함께 떠나는 행복여행

꿈을 이루고, 성공한 사람에게는 사회적으로, 도덕적으로 남보다 더 겸손해지고, 더 열심히 살아가야 한다는 책임과 의무가 주어진다.

그래서 나는 아직도(我直道) 가야할 길이 많은 사람이란 것을 안다.

성공은 저절로 오지 않는다.

누구나 성공을 원하거든 꿈을 경작(耕作)하는 습성을 가져야 한다.

곡식을 먹으려면 땅을 갈아서 씨를 뿌리고 가꾸듯 꿈도 마찬가지다.

자신 스스로 심고 가꾸어야 한다.

이룰 수 없는 꿈은 슬프다

사람들은 누구나 무지개를 보려한다. 하지만 일곱 색깔의 아름다운 무지개가 뜨기까지는 비가 많이 내려야 하고 그것을 참아내는 고통이 있을진대, 그 고통은 알고자 하지 않는다. 사람들은 누구나 무지갯빛 환상 같은 꿈이 있다. 그러나 꿈을 이루기 위해서 감내해야 하는 어려운 시련에 대해서 받아들이는 자세는 다소 인색한 편이다. 그만큼 시련을 두려워하는 사람이 많은 듯하다.

비를 맞아야 무지개를 볼 수 있는 것처럼, 고난을 겪어야 아름다운 꿈의 현실이 내 앞에 보이게 된다. 무지개를 보려면 밖으로 나와야 한다. 생각의 안방에서 나를 끄집어내야 한다. 많은 시련과 좌절은 생각에서 이루어지는 것이 아니라 땀 흘려 일하는 과정에서 맛보게 되어 있기 때문이다.

성공이란 무지개는 우연히 내 앞에 나타나는 게 아니라 일 속에 몸을 내던지는 용기가 있는 자, 시련을 감내하고 또 묵묵히 참아내는 자에게 주는 특권이다. 꿈을 꾸자. 그리고 그 꿈을 향해 가자. 가수 이용의 노래처럼 이룰 수 없는 꿈은 슬프기 때문이다. 이루지 못한 꿈은 나를 울리기 때문이다.

3만 시간의 법칙

신경과학자인 다니엘 레비틴과 말콤 글래드웰이 쓴 《아웃라이어》에서 '어느 분야에서든 세계 수준의 전문가, 마스터가 되려면 최소한 1만 시간의 연습이 필요하다' 고 역설하였다. 올바른 지적인 듯싶다.

나의 '성공 수첩' 에는 성공을 하기 위해서는 반드시 오랜 시간의 땀과 노력 그리고 10년(3,650일)의 세월의 무게가 더해져야 한다고 쓰여 있다.

내가 그토록 주장하고, 강조하는 3,650일의 끈질긴 노력과 다니엘 레비틴과 말콤 글래드웰이 주장한 1만 시간은 동일하다. 단지 그들은 1만 시간을 대략 하루 3시간, 일주일에 20시간씩 10년을 말했고, 나는 3만 시간 즉, 하루 8시간, 일주일에 50시간씩 10년을 말했을 뿐이다.

나는 그들과 똑같이 10년을 이야기한다. 단지 10년은 같아도 하루의 투자하는 노력의 양(量)은 3시간 대 8시간으로 약 3배의 차이가 있다는 게 다를 뿐이다. 그것은 한마디로 그들은 성공한 사람들을 과학자 입장에서 연구한 결과요, 나는 현업에 종사하는 CEO로서 나의 경험을 토대로 성공의 법칙을 말하는 것일 뿐이다.

중요한 것은 '인고(忍苦)의 세월동안 한시도 연습을 게을리 하지 않겠다' 는 정신이 중요하고, 어떤 일이 있어도 자신이 추구하는 일의 끈을 놓지 않겠다는 의지가 더 중요하다는 사실이며, 어느 분야에서든 이보다 적은 시간의 연습으로 세계 수준의 전문가가 탄생할 수 없다는 사실에 주목해야 한다.

위대함을 낳는 매직 넘버는 '1만 시간의 법칙'이요. 성공을 낳는 매직 넘버는 '3만 시간의 법칙'이다. 이러한 법칙을 무시한 채 눈앞의 성공을 조급해 하기보다는 하루하루 꿈을 향해 다가가는 발걸음이 중요하고, 자신이 생각하고 갈망하는 꿈의 끈을 놓지 않는 정신이 필요한 때라는 것을 겨울 햇살은 넌지시 전해주는 듯하다.

100배의 꿈

'왜 꿈을 가져야 한다고 강조하는지…….'

젊은이여! 꿈을 가져라. 예전엔 상상조차 할 수 없었던 꿈의 비밀을 나는 알고 있다. 지금의 현실을 통하여 나도 알았을 뿐이고, 내가 경험한 비밀을 누설하는 것뿐이다. 그것은 바로 내 안에 숨겨있는 나의 '100배의 비밀'이란 것이다.

요즘 공기업, 대기업 할 것 없이 대졸 초임을 10~30%를 삭감한다는 이야기가 떠들썩한 사회 이슈가 되었다. 나도 벌써 아이들이 대학을 다니고 또래의 아이들 역시 멀지 않아 사회에 진출할 나이가 되어 버렸다는 게 실감이 나지 않는다. 또한 중소기업을 운영하는 사람의 입장에서 보더라도 이번 임금삭감 문제는 안타까운 일이 아닐 수 없다. 무한한 꿈을 가지고 사회에 첫 발을 내딛는 대학 졸업자들을 맞이할 따뜻한 일자리와 그들의 노력에 상응하는 희망을 주어야 하는데 그렇지 못한 국가적, 사회적인 어려움이 그들의 어깨를 짓누르니 말이다.

나는 그들에게 '희망의 끈'을 놓지 말라고, 그럴수록 '꿈의 끈'을 놓지 말라고 그들을 위로하고 싶어진다.

거슬러 올라가 내가 대학을 졸업하고 첫 직장에 발을 내딛는 그때의 기억이 새롭다. 벌써 약 20년 전의 이야기다. 대학을 마치고 첫 직장에 입사하여 초임으로 받은 돈이 고작 23만 원이었다. 그때 첫 봉급을 어디에 써야 하나 고민했던 지난날의 모습이 어렴풋한 기억으로 뇌리를 스친다. 그때를 다시 생각하니 그저 새롭기만 하다. 첫 직장 첫 출근……. 나는 그때 이후 직장생활 10년, 사업시작 10년의 세월이 흘렀다.

문득 지인과 이런 저런 경제 이야기를 나누다 지금 사회적으로 이슈로 되어 있는 현재의 대졸 초임과 지금의 내 모습을 비교해 보았다. 사회에 첫 발을 내딛고 받은 대졸 초임과 20년이 지난 지금의 내 봉급 그리고 회사의 주주 배당금을 합하면 무려 그때의 100배가 되어 있다는 사실에 나 스스로도 적지 않게 놀랐다. '20년 후 무려 100배', 이러한 놀라운 사실이 숨겨있었다는 사실을 기억하자고 말하고 싶다.

지금은 세계 경제위기로 누구나 고통스런 나날을 힘겹게 보내고 있다. 경제가 어렵고 취업문은 좁아지고 거기에 임금삭감까지 당해야 하는 대졸자들에게 희망을 주고 싶다는 생각뿐이다.

현실은 어렵고 힘들어도 지금의 젊은이들이 받아들여야 할 세상은 넓고 좋은 날도 많을 것이라는 희망을 주고 싶다. 지금 세상을 탓하기보다는 이럴 때 일수록 더 자신을 연마해서 10년 후, 아니 20년 후의 자신의 가치를 높이는 일에 열중하라고 말하고 싶다. 앞으로 살다보면 20년 후 10배가 되는 사람이 있고, 100배가 되는 사람이 있다. 어떤 것을 선택하든 다 본인의 몫이다. 훌륭한 리더는 현실보다 미래를 꿈꾼다. 지금의 어려운 현실이 오히려 10년, 20년 지난 후 보약이 될 수 있기를 바란다. 그것이 젊은이들만이 가질 수 있는 꿈이자 그들만의 특권이기 때문이다.

'절망'과 '희망'은 동거하지 않는다

내 마음에…….

내 마음속에…….

절망을 끌어안으면 희망이 들어갈 방이 없고,

희망을 끌어안으면 절망이 발붙일 틈이 없다.

내 마음에 무엇을 끌어안을 것인가?

내 마음에 절망의 방을 마련해준 사람은 절망 속에서 힘겹고 고통스런 삶을 보내야 한다. 내 마음에 희망의 방을 마련해준 사람은 매일 아침 우리는 희망의 식사를 하고, 열정의 일을 하며, 성공의 단잠을 자야 한다.

내 마음은 원룸이다.

희망과 절망이 함께 동거할 수 없다.

그렇다면 내 마음엔 무엇을 담아야 하나?

꿈을 나르는 배달부

한여름에 땀을 뻘뻘 흘리며 꿈을 배달하는 꿈 배달부가 있다.

그의 가방 속에는 수많은 꿈들이 담겨져 있다.

빨간 꿈, 노란 꿈, 파란 꿈…….

어깨에 멘 배달부 가방이 오늘따라 무겁게 느껴진다.

배달할 곳이 마땅찮은 모양이다.

잠시 가방을 내려놓고 담배를 문다.

연기를 내뿜다 이내 다시 몸을 추스른다.

떠오르지 않는 주소지를 향해 다시 걷고 또 걷는다.

나는 배달부다.

나는 꿈 배달부다.

비록 나는 갖지 못했지만 사랑 편지를 전해주듯

내 이웃과 어려운 사람들에게 나누어 줄 꿈을

오늘도 배달하고 있다.

'성공 배달부'는 이렇게 하루를 보내고 있다.

모든 이에게 꿈을 주기 위해서…….

모든 이에게 희망을 주기 위해서…….

어려움이 닥쳐야 사람의 진가를 안다

어려움은 인생의 리트머스 시험지이다. 어려움이란 시험지를 갖다 댔을 때 반응 정도를 보면 그 사람을 알 수 있다. 어떤 이는 현실을 타박하고 원망하며 자신의 처지를 비관한다. 또 다른 부류는 어려움이 무서워 그만 울어버린다. 그러나 성공하는 사람은 어려움 자체를 호기(好機)로 여긴다. 오히려 어려운 기회를 주심에 감사하며, 자신이 처한 어려움을 통하여 보다 성숙한 모습으로 거듭난다. 고난은 극복하기 위해 있는 법이다.

깎아지른 암벽은 알피니스트의 마음을 설레게 한다. 가파른 계곡은 물줄기를 빠르게 해준다. 내 인생의 어려움은 나에게 새로운 기회를 부여하기 위함이다.

인생의 희로애락(喜怒哀樂), 그 어느 것도 나의 앞길을 가로 막을 수는 없다. 내 앞길을 가로막는 것은 오직 하나, 그것은 나약한 의지뿐이다. 이 아침에 "고난이 심할수록 나의 가슴은 고동친다"는 '니체'의 말이 나를 부지런하게 한다.

시련은 인생의 보약이다

내 인생에 IMF라는 혹독한 시련이 존재하지 않았던들 지금처럼 당당하게, 행복하게 살 수 있을까? 혹독한 시련이라는 것. 그리고 행복에 걸려 비틀거린다는 것.

어쩜 그것은 벽시계와 같다는 생각을 한다. 벽시계는 하루 12시간씩 두 바퀴를 돈다. 우리 인생도 벽시계처럼 흘러가는 과정일 뿐이다. 흘러가는 과정 중에 인생의 희로애락은 초침처럼 째깍거릴 뿐이다. 희로애락은 인간이 꼭 거쳐야 하는 인생의 과정이란 이야기다.

시련은 인생의 보약이다. 보약을 먹고 열심히 운동하여 튼튼한 몸을 만들 듯 시련을 딛고 열심히 일을 하여 뜻을 이루는 것이 성공이다.

시련의 결과는 2가지가 있다. 하나는 열심히 배우지 않고, 열심히 일하지 않고 허황된 것을 꿈꾸며 일확천금 '한방' 을 노리는 사람들이다. 그 사람들에게 시련은 파멸로 이르게 하는 독약이 된다. 또 하나는 열심히 배우며, 미래의 내 인생을 위해 애써 일하는 행복을 일구는 사람들이다. 그 사람들에게 시련은 보약과 같은 것이다. 똑같은 시련일진대 한 사람은 망하고, 한 사람은 성공의 춤을 춘다. 그것이 시련의 두 얼굴이다.

비바람을 뚫고 가야 제맛이 난다

세상살이 맑은 날이 있으면 흐린 날이 있다. 화창한 날이 있으면 바람 부는 날이 있다. 모두 다 내가 걸어야 할 날들이다.

세상 음식 좋은 것만 골라서 먹을 수는 있어도, 세상살이 좋은 날만 골라서 세상을 살 수는 없듯 비바람이 친다 해도 나에겐 걸어야 할 길이 있다.

악천후를 사랑하라. 약간은 당황하고, 조금은 허둥댈지라도 열악한 환경이 있음으로 인하여 살맛나는 세상을 느낄 수 있음을 감사해야 한다.

혹독하게 비바람을 맞은 꽃이 향기를 더하듯 모진풍파 겪은 사람이 더 아름답게 보이는 이유도 비바람을 헤친 그 강인함 때문이다.

'행복 김밥' 나누어 먹는 세상

　내게 소원이 있다면 '이웃을 위해 행복을 나눠주는 행복 김밥장수였으면 좋겠다!' 는 생각을 해본 적이 있다. 학교 다닐 때만 해도 배가 고파(어릴 적에는 엄청 배고프게 자랐음) 무를 뽑아 먹고, 산에 올라가 산과일이나 야생초를 뜯어 먹으며 배를 채운 적이 있었지만, 지금은 오히려 먹을 것이 넘쳐 영양이나 다이어트에 관심이 많으니 '아무리 불황, 불황해도 세상 참 많이 좋아졌다' 는 느낌을 지울 수가 없다.

　'행복 김밥장수' 가 되려는 이유는 단 한가지다. 인생을 살면서 배고픈 것은 참을 수 있지만 마음이 허(虛)한 상태로 살아가기란 참기 힘든 고통이다. 사람이 밥을 먹고 사는 것도 중요하지만, '행복을 먹는 것' 또한 필수가 되어 버린 지 오래기 때문이다. '나만 행복해 하기에는 세상에 너무 무책임하다' 고 느껴진다. 이 사회 구석 구석에 이처럼 작은 행복을 서로 나누는 사람들이 많았으면 싶다. 나 역시 그 마음의 명령에 먼저 앞장서고 싶다. 행복은 혼자서만 배터지게 먹으면 탈이 난다. 골고루 나누어 먹어야 한다.

　좀 더 부지런하게 '행복 김밥' 을 많이 말아서 희망이 없는 이와, 행복에 굶주려 있는 이웃들과 함께 웃으며 '행복 김밥' 먹는 그날을 상상해 본다.

나는 바보다

나는 바보다.

내가 걸어가는 모습

나만 볼 수 없으니…….

나를 바라보는 사람을 소중히 하고 싶다.

나는 바보다.

나는 바보다.

앞만 보는 바보다.

내가 걸어가는 뒷모습

다른 사람은 다 보는데

나만 볼 수 없으니…….

나는 바보다.

내 인생의 많은 인연들

그 인연을 감사한 마음으로

소중하게 보듬고 싶다.

스스로 자가발전을 시키는 사람

사람이 살아가는 데 있어서 반드시 잊지 말아야 할 것이 있다. 그것은 자신 스스로 열정을 불태울 수 있는 동력을 함께 가져가야 한다는 것이다. 꿈의 동력, 삶의 동력은 내부에서 찾든, 외부에서 찾든 반드시 찾아야 한다. 동력을 찾지 못한 꿈은 홀로 방황하다가 사라지는 특성이 있기 때문이다. 소중한 내 꿈이 하늘에서 구름처럼 떠돌다 스스로 포기하게 된다면 그것은 불행한 일이다.

나의 경우는 삶의 동력을 외부로부터 찾지 않고 내부적으로 자가발전을 시키는 삶을 살아가고 있다. 외부로부터는 어떠한 동력도 찾기 힘든 열악한 환경이었기에 스스로 자가발전을 하게 되었지만 돌이켜보면 아무것도 없고, 의지할 만한 곳이 없었던 환경이 오히려 큰 복이 된 듯싶다. 지금도 감사히 여기고 있다. 없는 것도 복이다.

나약한 사람들은 외부로부터 삶의 동력을 지원받기를 힘쓴다. 참으로 안쓰러운 일이다. 그들은 외부의 동력이 끊기는 순간 어둠을 헤매야 하기 때문이다. 외부로부터 받는 동력은 한계가 있다. 스스로 자가발전을 하는 동력은 비록 힘은 미약하더라도 꿈을 비춰줄 충분한 동력이 된다.

나는 이 빛으로 세상을 걸었다. 이 빛으로 어둠을 뚫고 목표한 바를 당당히 이루고 있다. 그래서 나는 나 스스로를 부를 때 '제너레이터'

라고 부른다. 10여 년을 그렇게 부르니 이제 살갑게 느껴진다. 내 자신이 힘들고 어려울 때 '제너레이터', 그 이름을 부르면 힘이 났다. 없던 자신감도 되살아났다. '제너레이터', 그 이름은 내 인생에 있어 참으로 고마운 이름이다.

겨울의 시샘

겨울의 시샘은 봄을 재촉할 뿐이다.

매서운 찬바람이 분다.

사나운 칼바람이 분다.

그러나 겨울바람의 끝에는 봄을 매달고 온다.

겨울의 시샘은 잔인하다.

그러나 그놈은 인정머리가 있는 듯하다.

늘 그놈은 봄의 새싹을 틔워주기 때문이다.

겨울의 시샘에 대해 사람들은 '너무 한다' 고 욕을 한다.

그래서 겨울은 춥다.

그래서 겨울은 운다.

울면서 봄을 보내주는 마음을 사람들은 모른다.

겨울은 추어서 우는 게 아니라 서운해서 운다.

자신의 뒷모습을 누가 바라다보지 않아서 운다.

그래서 겨울은 외롭다.

봄을 재촉하고자 하는 겨울의 마음을 사람들이 몰라주기에 겨울은 외롭다.

겨울은 안다.

매서운 추위의 끝에 봄이 온다는 것을…….

추위가 더 할수록 봄의 향기는 더 하다는 것을…….

내가 열심히 사는 이유

　모르겠다. 내가 열심히 사는 이유를……. 하지만 하나 확실한 것이 있다. 그것은 내가 열심히 살고 열심히 노력할 때 꼭 한 가지 깨달음(覺)을 주더라는 사실이다. 난 그럴 때마다 열심히 일한 피곤함보다 감사함이 앞선다.

　애써 노력할 때는 힘이 들어도 일을 마치고 집에 들어갈 때나, 아니면 다음날 피곤함을 무릎 쓰고 출근하는 나에게 다가와 주는 깨달음이다. 그것은 이 세상 무엇과 바꿀 수 없는 인생의 가르침이요, 지혜다. 나는 그 가르침대로, 인생의 지혜대로 하루하루를 살아왔다. 열심히 살고 애타게 노력할 때 하나하나 던져주는 지혜는 내 인생을 단단히 받쳐주는 버팀목이 되곤 한다.

　감사함을 알고, 사랑을 깨닫게 하며, 내 인생을 조종하는 내비게이션 역할을 한다. 성공은 결국 지혜의 싸움인 듯싶다. 내가 애써 살아가는 이유, 즉 열심히 일하고, 틈나면 배우려는 이유도 다 나만의 지혜를 축적하기 위한 하나의 노력일 뿐이란 사실을 안다. 내가 열심히 노력할 때 하나씩 던져주는 지혜는 새로운 삶의 가치를 창조한다.

　새로운 가치를 얻는 하루가 너무 행복하다. 날마다 이랬으면 좋겠다.

어려울 때일수록 감사하는 마음을 가져라

'해 뜨기 직전이 가장 춥다' 고 새벽을 버릴 수는 없다. 문득 이처럼 어려울 때 혹시나 잊어버릴 하루의 감사함을 우리는 잊어서는 아니 된다. 지금의 세계 경제는 '시계제로' 의 어둠과도 같다. 아무리 봐도 아직 동트기 직전은 아닌 듯하기 때문이다. 왜냐하면 아직 우리 경제의 추운 겨울은 아직도 진행형일 뿐 매서운 경제 추위는 아직 이르다는 사실이다. 차라리 강추위가 몰아쳐 춥다면 멀지 않아 동이 튼다는 희망이라도 있을진대 그 희망마저 없다.

성공은 언제나 절망의 끝에 걸려있는 법이다. 그래서 인간은 절망에서 희망의 싹을 찾아야 한다. 그리고 감사해야 한다. 혹독한 추위에서 몸을 움직여 체온을 유지하듯 절망에서도 희망을 노래하는 몸짓을 게을리 해서는 안 되겠다.

내가 행복할 때 할 일이 생기더라

내가 행복해야 할 일이 생긴다. 마음이 처지면 열정도 사라진다. 눈 뜨면 행복하도록 노력하라. 어렵고, 힘들수록 그리고 인생이 고통스러울수록 그 속에서 내 마음의 행복을 찾는 연습을 하라. 아홉 가지 힘들어도 그 속에 한 가지는 행복이 숨어 있는 법이다. 그 행복을 찾는 연습이 필요하다.

살아오면서 내 마음이 행복하지 않을 때 일의 결과는 늘 신통하지 않았다. 하지만 내 마음이 행복할 때 그 결과는 너무 좋았던 것 같다. 내가 행복했던 순간을 많이 만들었던 결과는 새로운 일을 만들어 나를 부지런하게 만들어 주었고, 그 일의 결과는 언제나 긍정의 에너지가 되어 나를 기쁘게 했다.

모든 일이 잘 풀려서 행복했던 게 아니라, '마음이 행복해야 할 일이 생긴다' 는 사실을 알기에 나 스스로 행복하려 무진 애를 썼다. 내가 행복해 하는 사이 내 마음의 '웃음 나무' 엔 늘 일이라는 과일이 주렁주렁 열렸고, 그 과일을 열심히 정성스럽게 따다보니 내 인생이 환하고 밝아졌다는 사실을 내 삶을 통해 교훈으로 얻었다.

조금 늦더라도 오히려 준비하고 대드는 자가 성공하게 되어 있다. 무슨 일이든 성급하게 시작하지 말고 무엇을 하기 전에 철저히 준비하는 마음이 성공의 마음이란 사실을 잊어서는 안 되겠다.

안대를 차고 허들을 넘지 마라

남이 사업한다고 준비도 없이 사업하지 마라. 남이 주식투자한다고 덩달아 주식투자하지 마라. 그것은 마치 안대를 차고 허들을 넘는 것이나 다름없는 짓이다. 사업이나 주식은 대학에 들어가는 것처럼 모의고사나 수능도 없다. 회사 들어가듯 면접도 없다. 본인이 하겠다고 하면 언제라도 할 수 있다. 그렇기에 리스크가 그만큼 크다고 할 수 있겠다.

흔히들 'SKY' 로 불리는 명문대학 하나를 들어가려고 해도 그 경쟁이 치열한 법인데 '사업을 해서 성공을 한다', '주식을 해서 대박을 터트린다' 는 것은 아주 어렵다. 그러나 더러는 아주 손쉽게 생각하는 사람들이 종종 있는 듯하다. 그런 사람이라면 도시락 싸가지고 가서라도 말리고 싶다.

난 그들에게 시작하는 것은 용기요, 자유일진대……. 단지 더 준비를 철저히 한 다음에 조심스럽게 시작하라는 말을 해주고 싶다. 준비 없이 한다는 것, 그것은 마치 안대를 차고 허들을 넘는 것이나 다름이 없기 때문이다.

사업은 이룰 경우 부와 명예 그리고 성취(成就)를 안겨 준다. 주식은 잘하면 엄청난 부(富)를 가져다준다. 하지만 이들은 결과로 주는 것이 풍성한 만큼, 혹독한 대가를 요구하는 속성이 있다. 혹독한 대가를 치루지 아니하려거든 시작 전에 준비와 연습이 필요하다.

몽당연필 : 꿈은 반드시 이루어진다

몽당연필(夢當緣必) : 꿈은 반드시 이루어진다.

〈한국경제신문〉을 보다보니 눈에 번뜩이는 기사가 있다. '몽당연필(夢當緣必)이라는 주제로 법흥사에서 템플스테이를 갖는다는 내용이었다. '꿈은 반드시 이루어진다'는 주제도 좋지만 요즘 경제위기로 정신적, 물질적인 고통이 심한 분들에게 긍정적인 사고로 자신을 변화시켜 많은 분들이 고통을 훌훌 털고 꿈과 희망 그리고 자신감을 되찾았으면 한다는 내용이 너무 좋았다.

'꿈은 반드시 이루어진다.' 백 번을, 천 번을 강조해도 무리가 없을 메시지……. 어찌 보면 꿈을 갖지 못하고 좌절과 경제적 고통을 겪고 있는 분들을 위해 내가 하고 싶은 일들을 신문사와 사찰에서 대신 해준다는 생각에 고맙게 느껴졌다.

나는 기억한다. 그리고 그 자신감은 아직도 유효하다. 지난 과거에 내가 겪은 어려움은 나에게 새로운 도전을 할 수 있는 계기를 마련해 주었고, 그럴 때마다 나는 '반드시 잘 될 거야' 라며 희망의 끈을 놓지 않았다. 날마다 희망의 아침을 맞았고 어려움이 더 할 때마다 자신감은 배가 되어갔다. '세상에 있을 고통을 그래도 견뎌낼 힘이 있는 나에게 주었나 보다' 하는 넉넉한 마음도 생겼다. 나에게 주어지는 하루를 감사히 받아들였다.

그렇게 하루하루가 갔다. 소시민으로 평범하게 인생을 걷고자 했던 나에게 새롭게 용트림 할 수 있는 계기를 주었다. 그 어려움을 통하여 새롭게 받은 선물이 바로 '꿈' 이다. 아마도 나에게 주어진 아픔 그리고 어려움이 없었다면 지금 또 다른 꿈을 향해 가고 있는 행복한 발걸음, 신바람 나는 새로운 도전은 없을 듯하다. 아직도 나에게 새로운 '용트림의 꿈' 을 선사한 IMF에 대해서도 외려 고마워하는 이유도 그 때문인 듯싶다.

그렇듯 자신의 어려움을 남의 탓으로 돌리고 그들을 원망하고, 자신의 처지를 비관해 살아갈 희망과 꿈마저 포기하지 않기를 바라는 마음이 간절하다. 어려움을 통하여 인생의 새로운 목표와 꿈이 설정된다면 오히려 그 어려움에 감사해야 하지 않을까 하는 생각이 아직도 간절하다.

무엇이 되고 싶은 당신에게……

당신은 무엇이 되고 싶습니까? 그러면 그 일에 미치십시오. 당신은 무엇을 갈망합니까? 그러면 갈망하는 그 일에 미치십시오. 무엇이 되고 싶은 당신의 꿈 그리고 갈망하는 일에 대한 결과는 당신이 얼마나 그 일에 미쳐있는지를 보면 바로 답을 알 수 있습니다.

나는 고백합니다. '나는 나의 꿈에 대한 믿음이 적었기에 이룸이 크지 않았다'고……. 지금이라도 자성할 수 있으니 이 또한 얼마나 행복합니까? 아마도 나뿐만 아니라 많은 사람들이 자신의 꿈에 대해서 과소평가하는 나쁜 버릇을 가지고 있을 겁니다. 아니 많은 사람들이 그러하십니다. 자성해야 합니다. 이유는 자신의 꿈에 대해서 과소평가하는 것, 그것은 겸손이 아니라 죄악이기 때문입니다.

자신의 꿈에 대해서 늘 생생하게 상상하고 그 꿈을 간절히 바라면 반드시 이루어집니다. 우리는 그것을 진심으로 믿고 열의를 다해 행동해야 합니다. 그러면 그 꿈은 반드시 이루어집니다. 나는 아직도 믿습니다. 내가 어떤 일에 미치는 한 내가 원하는, 내가 갈망하는 그 꿈이 반드시 실현되리라는 확실한 믿음이 있다는 사실입니다. 제발! 당신의 꿈에, 용기와 자신감 그리고 확신을 가지십시오.

아침에 일어나면 꿈도 같이 깨어나야……

　아침에 일어나면 육신만 눈을 뜨지 말고 꿈도 함께 깨어나야 한다. 꿈도 같이 기상하여 아침을 맞아야 한다. 꿈은 '꿈틀거리라' 해서 꿈이요, '더 많이 꿈꾸라' 해서 꿈인 것이다. 꿈과 함께 아름다운 아침을 맞는 사람은 기지개를 켜며 아름다운 하루를 힘차게 열 수 있지만, 꿈이 없이 아침에 몸만 일어나는 사람은 초라한 하루를 맞이할 뿐이다.

　아침에 눈을 뜰 때 꿈도 함께 기지개를 켜야 한다. 육체만 일어나서는 온전히 눈을 떴다 하기 어렵다. 온전한 아름다운 아침을 맞이하기를 원하는가? 그렇다면 당신은 아침에 잠에서 깨어나 눈을 뜰 때 꿈도 깨어났는지를 살피고, 아침을 나설 때면 꿈도 함께 나를 따라 나서는지 관심을 갖고 꿈을 보살피는 습관을 들여야 한다.

　꿈은 게으른 자에게는 한없이 강함을 보이지만, 정성껏 돌보는 자에게는 한없이 친근감 있게 다가선다. 누구나 아침에 눈을 뜨면 거울을 보듯 나의 소중한 꿈도 밤새 잘 잤는지 안부를 주고받는 훈련이 필요하다.

몽사부일체(夢師父一體)

　군사부일체(君師父一體)라는 말이 있다. 이 말씀은 유교 학자로 유명한 이이(李珥) 선생님께서 하신 말씀으로 "임금과 스승과 부모는 일체이니 정성껏 받들어야 하며, 자기 생각대로 스승을 비난하는 것과 같은 행동은 좋지 못하다"는 뜻이다.

　나는 살면서 이 말씀을 마음 깊이 새길 때가 많다. 국가가 있고, 스승이 계시고, 부모가 있다는 것은 참으로 고마운 일일 것이다. 그러나 요즈음은 임금(君)을 대신해 꿈(夢)을 넣어 부르기를 좋아한다. 그래서 '몽사부일체(夢師父一體)'다. 엄밀히 따지면 꿈은 스승이나 부모처럼 한 몸이 될 수는 없다. 그러나 스승이나 부모가 제자들이나 자식들에게 원하는 것이 있다면 그것은 묻지 않아도 꿈일 것이다. 그래서 몽사부일체라는 표현을 쓴다.

　꿈을 가지고 사는 사람만이 스승이나 부모에 대한 공경심이 있고, 그것이 곧 스승이나 부모에 대한 예의라 생각하기 때문이다. 꿈이 스승이나 부모 못지않게 내게 있어 소중한 것임을 다시 한 번 느껴본다.

꿈은 복원력을 키워준다

살아가노라면 비 올 때도 있고, 눈이 올 때도 있다. 천둥번개가 칠 때도 있고, 흙탕물에 빠질 수도 있다. 인생사 날이면 날마다 다 좋을 수는 없는 법이다.

인생을 살다보면 원치 않은 실패를 경험할 수도 있고 잘못된 인생을 걸을 수도 있다. 운동경기를 보더라도 위기도 있고 찬스도 있다. 찬스는 확실히 잡고 위기는 조기에 수습하는 힘에 따라 게임의 승패가 좌우된다. 그렇듯 인생도 복원력의 게임인 듯싶다. 마치 허들경기를 하는 사람 전체가 허들에 걸려 한두 번은 넘어진다고 가정할 때 게임의 승패는 복원력에 따라 좌우된다는 것을 알 수 있듯이 복원력이란 인간이 살아가면서 인간 성패에 결정적인 영향을 주는 듯싶다.

나의 경우를 보더라도 그러하려니와 주위의 다른 분들을 보더라도 그러는 경우를 많이 목격하였다. 복원력의 차이는 꿈이 있느냐 없느냐의 차이다. 꿈이 있는 자는 넘어져도 쉽게 일어난다. 결국 복원력의 차이가 곧 그 사람의 그릇이라는 사실을 꿈을 통해 배웠다.

한 번도 아플 여유가 없었다

프랑스 소설의 거장 귀스타브 플로베르는 이런 말을 했다. "몸이 아파서 하루에 몇 백 번이나 심한 고통을 느껴야 했다. 그러나 진짜 노동자처럼 이와 같이 괴로운 작업을 계속해 나갔다. 그렇다. 나는 소매를 걷어붙이고 이마에 땀을 흘리며 비 오는 날이거나, 바람 부는 날이거나, 눈이 내리거나, 번개가 치는 속에서도 망치를 내리치는 대장장이처럼 글을 썼다."

문득 이 글을 보면서 그런 생각을 했다. 나는 아플 여유가 없었다. 아니 한가하게 아파할 겨를이 없었다.

마치 고장이 없는 자동차처럼 회사에 매달려 일을 하고 지냈다. 괴로울 때나 슬플 때도 나는 일터에 있었고, 힘이 부쳐 피곤이 엄습하여도 한 번도 일터를 떠나지 않았다. 더욱이 지금까지 아파서 일하지 못할 때가 없었으니 그 점은 무엇보다도 부모님께 공을 돌려야 하겠다.

나는 귀스타브 플로베르처럼 천재도 아니다. 기업의 3요소, 즉 인재(사람)와 자금(돈) 그리고 기술이다. 그 점에서 보면 나는 천재도 아니고, 기업의 3대 요소라고 하는 항목에서 어느 것 하나 내세울 게 없다. 치열한 경영 환경에서 싸울 무기가 없다는 것은 슬픈 일이다. 그러나 다행히 나에게는 노력과 열정이 있었다.

현실을 노력과 열정으로 하나하나 뛰어넘는 방법밖에 없었다. 그래서 나는 남보다 더 열심히 일터를 지켰고, 남보다 더 많은 시간을 일을 위해 투자해야 했다.

이제 와서 생각해보면 내가 천재가 아니었던 것도 창업 당시 돈이 없었던 것도 다 내 복(福)이 되어 돌아왔다. 행복하다. 지금 참으로 너무 행복하다.

목숨 걸고 노력할 필요 없다

영국 철학자 제임스 앨런은 이런 말을 했다. "목숨 걸고 노력하라. 만약 성공을 원한다면 그만큼 자기를 희생해야 한다. 큰 성공을 바란다면 큰 희생을, 더 이상 없을 만큼 큰 성공을 원한다면, 더 이상 없을 만큼 큰 희생을 치러야만 한다"라고 말했다.

하지만 난 이 말에 동의하지 않는다. '성공을 원한다고 해서 굳이 목숨 걸고 노력할 필요 없다' 고 말하고 싶다. 목숨 걸 정도의 성공이라면 이것은 도박이다. 목숨 걸 정도의 노력은 인생이 각박해진다. 인생이 피곤해진다. 피곤한 몸으로 성공할 수 없다. 목숨 걸고 노력하지 마라. 그저 주어진 현실에서 5가지의 끈(꿈, 배움, 일, 행동, 인연)을 부여잡고 오랜 기간 열심히 한다면 반드시 원하는 성공을 이룰 수 있다.

자고로 편하고, 즐겁게 살아야 열정이 식지 않는다. 열정이 식으면 꿈도 식는다. 즐거움의 토양 위에서 성공의 꽃도 피는 법이다. 하루하루를 즐길 줄 아는 사람만이 원하는 꿈을 이룰 수 있다. 목숨 걸고 노력하지 마라. 성공은 순식간에 다가오는 게 아니라 성공은 오랜 세월 흐르는 땀방울을 먹고 보이지 않게 자란다는 사실을 알아야 하겠다.

꿈은 밥과 같은 것이다

　성공을 향한 꿈은 밥과 같아서 한 끼 한 끼 거르다 보면 몸이 허약해지고, 더 굶다 보면 내 몸에 병이 나는 것과 같다. 밥을 거르면 몸이 허약해지고 항체가 약해져 세균의 침입을 허용할 수밖에 없듯이 날마다 꿈을 꾸지 않으면 인간은 하염없이 나약해져 성공을 향한 의지가 사라지고, 결국은 꿈을 이루지 못하고 사회의 각종 유혹과 친해지려는 속성을 가지고 있다.

　밥을 자주 굶으면 위장병이 생기듯 꿈도 방치하면 자신도 모르게 몸에 병이 생긴다. 꿈은 밥과 같은 것이다. 날마다 하루 세 끼 밥을 먹듯, 하루 3번은 꿈을 꾸어야 한다. 하루 3번은 꿈을 어루만져야 한다. 꿈을 꾸는 것은 자유이듯 꿈이 떠나는 것도 자유다. 그러기에 성공을 갈망하는 자는 내 안에 꿈이 외롭지 않게 쓰다듬어 주는 일을 잊지 말아야 하겠다.

　꿈은 외로움을 많이 탄다. 잠시만 소홀해도 내 곁을 떠나려 애쓰는 게 꿈이다. 꿈이 있어 행복한 사람들, 성공하는 사람들은 모두가 하루 세 끼 밥을 먹듯, 하루 세 번 꿈을 먹는 사람들이다.

주인인 척하지 마라

주인인 척하지 마라. 주인도 아닌 것이, 주인처럼 행동하지도 않으면서 주인인 척한다. 주인은 주인다워야 주인이다. 무작정 자기의 몸이라고 다 자기의 주인은 아니다. 자신에 대한 책임과 의무를 다할 때 비로소 주인이 되는 것이다.

사회도 국가도 마찬가지다. 요즘 정체성에 많은 혼란을 야기하는 것 같다. 보수와 진보, 기성세대와 젊은 세대가 서로 주인인 척한다. 하지만 그건 아니다. 이 나라 국민의 아픔과 함께하려는 사람과 자신의 사회적인 책임이나 의무를 다하고자 하고, 나아가 국민을 행복하게 해주려 애쓰는 사람이 주인이다.

강도 마찬가지다. 강의 주인은 강에 사는 물고기들이다. 메기, 붕어, 우렁이, 송사리, 갈대, 물방개 등……. 그놈들이 행복한 환경을 만들어주는 주인이다.

먼저 나 자신부터 진정한 주인으로 돌아가고자 한다. 국가와 사회도 역시 진정한 주인에게 돌려주어야 한다. 자연도 자연의 주인들에게 돌려주어야 한다. 주인으로서 가치와 진정한 행복을 누릴 수 있게끔 말이다.

미래에 대한 불안을 걷어차라

미래에 대한 막연한 불안을 떨쳐버리는 것이 젊은이다.

요즘 젊은이들은 미래에 대한 막연한 불안감에 사로잡혀 있는 듯하다. 제발 떨쳐버렸으면 싶다. 젊은이가 가질 수 있는 것은 희망밖에 없다. 막연한 불안감이나 절망은 젊은이가 가져야 할 단어가 아니다. 아니 어쩌면 나이 든 기성세대들도 가져선 아니 될 단어들이다. 가만히 앉아서 수학 공부하듯이 장래를 계산하지 마라. 인생 공식도 모르면서 어찌 계산하려 드는가?

미래에 대한 자신감의 상실로 결혼도 미룬다. 직장에 대한 불안감으로 희망을 가질 시간적인 여유가 없다고 말한다. 이는 아니 될 일이다. 우물을 파 놓고 안전하게 물을 먹으려 하지 마라. 탱크에 물을 가득 받아 놓고 편하게 물을 먹으려 하지 마라. 젊은이란 마중물을 준비하는 시기이지 모든 것이 풍족하게 갖춰진 시기가 아니다. 착각하지 마라. 자신의 머리로 성공에 대해서, 미래에 대해서 미리 계산하지 마라. 마중물만 있으면 어디에서나 물을 먹을 수 있다. 막연한 불안감은 쓰레기통에 넣어야 할 유산이다. 젊었을 때 다 갖추는 것은 이미 젊은이가 아니다. 어찌 눈앞에 보이는 것만을 보는가? 젊은이가 가져야 할 가치는 꿈과 희망의 창고를 넓히는 마음뿐 그 이상의 가치는 없을 듯하다.

뉴욕의 중심에 세운 내 자신감

뉴욕의 박물관.

다양한 볼거리로 가득 차 있었다.

그 중 하나는 단연 사람이었다.

관광객들을 보니 다양한 민족, 다양한 피부색 그리고 다양한 패션.

물론 표정도 각양각색이다.

그러나 그 모두는 달라도 그들 가슴에 희망은 하나일 거라는 생각이 들었다.

꿈! 꿈의 실현 말이다.

나는 뉴욕의 거리에서 자신감을 가졌다.

세계 어느 나라, 어느 민족보다 더 꿈의 실현 가능성이 높다는 사실을 말이다.

나의 열정이 식지 않는 한 나는 그들보다 한 발 앞서 원하는 나의 꿈을 이룰 수 있을 거라는 확신을 가졌다.

오늘은 노력 없이 돈 번 하루였다.

박제된 공룡엔 열정이 없다

하루는 워싱턴 D. C. 박물관에 갔다.

박물관에 전시된 많은 전시물 중에 눈에 들어오는 것이 있었다. 다름 아닌 거대한 공룡전시장이었다.

태고의 전설 속에 살아 온 공룡들…….

무심코 바라보다 보니 문득 이런 생각이 들었다.

나는 공룡에 비하면 터무니없이 작다.

그러나 내 안의 열정만큼은 덩치 큰 저 녀석과 비교할 수 없을 정도로 크다.

보이는 것은 작을지 몰라도 분명 열정의 크기만큼은 내가 공룡보다 크다는 생각이 들었다.

박물관을 나오면서 나는 거인이 되었다.

Part 2. 배움을 찾아 떠나는 여행

세상은 내가 보는 만큼 더 높게, 더 넓게 보인다.
세상은 내가 아는 만큼 더 크게, 더 밝게 보인다.
세상은 내가 배운 만큼 더 맑게, 더 아름답게, 더 가까이 보인다.

[열심히 걷는 자는 조바심을 낼 필요 없다.]

당신이 생각하기에 열심히 길을 걷고 있다면 조바심을 내지 마십시오.
세상에서 제일 어리석은 농부는 씨 뿌리고 곧바로 열매를 탐하려는 사람입니다.
조바심을 낼 사람은 아침 들녘에 나가지 않고 잠을 자는 사람들이다.

열심히 걷는 자는 조바심을 낼 필요 없다.
열심히 배우는 자는 조바심을 낼 필요 없다.

무언가 배울 때 지혜(智慧)가 생긴다

지혜(智慧)란, 사물의 도리나 선악을 분별하는 마음의 작용을 일컫는 말이다. 다시 말하면 지혜란 모든 지식을 통할하고, 살아 있는 것으로 만들며, 구애받지 않는 뛰어난 의미로서의 감각을 말한다. 따라서 똑같은 일을 했을지라도 지혜로운 사람과 지혜롭지 못한 사람의 결과의 몫은 분명히 다르다는 것이다.

지혜로운 사람은 사물의 도리를 알기에 헛된 욕심을 추구하지 않는다. 지혜로운 사람은 선악을 분명히 구분하는 현명한 눈을 가지고 있다. 사람은 지혜로워야 자신의 노력을 흘려보내지 않는다.

그렇다면 어찌해야 지혜를 가지게 될까. 이 문제를 풀어야 한다. 지혜는 지식의 기반 위에서 자란다. 따라서 열심히 무언가 배우지 않으면 지혜의 샘은 말라버리기 십상이다. 지혜의 샘은 무언가를 지속적으로 배워가는 과정에서 자연스럽게 생성되는 것이다. 배움의 끈을 놓지 마라. 사람들은 어느 시점에서 배움의 끈을 놓아버리는 경향이 있다. 아니 될 일이다. '배움의 끈' 은 곧 '지혜의 끈' 이요, 이는 한번 놓아 버리면 쉽게 다시 잡기가 힘들어진다.

인생을 지혜롭게 살려거든 평생 배움의 끈을 놓지 말아야 한다.

내가 배워야 하는 3가지 이유

배워야 하는 이유 3가지.

첫째, 배움은 낙하산 줄과 같다.

낙하산 줄은 생명줄이다. 그러기에 절대 놓아서는 아니 된다. 배우지 않는다는 것은 마치 비행기에서 뛰어내린 사람이 공중에서 날다가 땅에 안전하게 착지한 줄 알고 끈을 놓는 것이나 다를 바 없다.

둘째, 배움은 내비게이션과 같다. 배움은 사람이 인생을 살아가는 데 보다 안전하게 길을 안내하는 가이드 역할을 한다. 사람들은 똑같이 길을 간다. 하지만 성공을 향해 지름길로 행복하게 달리는 사람이 있는 반면, 힘들고 목적지와 다른 비포장 길을 힘겹게 걷는 사람이 있다. 옛길을 더듬어 가면 그 길은 늦다. 최신형 내비게이션으로 길을 가면 편하고 빠르다. 구형 내비게이션을 최신 버전으로 업그레이드를 하듯 배워야 한다. 배워야 길이 보인다. 배워야 이길 수 있다. 지식의 부자 나라가 세계를 호령하는 이유도 이 때문이다.

셋째, 파이를 키워야 한다.

내가 배움을 멈추지 않는 이유 중 가장 큰 이유는 이미 내가 알고 있는 지식의 울타리는 그저 작다는 이야기다. 그 작은 울타리 안에서 무엇을 보고, 무슨 일을 하겠는가. 파이를 늘리면 둘레도 점차 늘어나 더 많은 것을 볼 수 있고, 더 많은 것을 경험할 수 있다. 파이가 커지면 접

촉할 부분이 많아지기 때문이다.

　현실에 안주하는 것만큼 어리석은 게 없다. 그런 어리석음의 노예가 되지 않으려면 배워야 한다. 한 끼 먹을 끼니는 없어도 배움의 끈은 놓아서는 아니 된다.

골치 아픈 공부

"세상 편히 살지 왜 늦은 나이에 골치 아픈 공부를 하느냐?"고 간혹 한 번씩 지인들에게 질문을 받곤 한다. 그럴 때마다 그냥 실없이 하하하 웃으며 한마디 한다.

"학교 다닐 때 많이 놀았으니까 늦게라도 머리 좀 채우려고……."

다시 돌아오는 말,

"나이 먹고 골치 아프게 왜 공부해……. 그냥 있는 대로 살지……."

나도 그러고 싶다. 공부 집어치우고 낄낄거리며 놀고 싶다. 안 그래도 골치 아픈데 그놈의 공부……. 때려치우고 신나게 놀고 싶다. 그런데 공부를 한다. 더 열심히 하려든다. 미쳤나보다.

내가 공부하는 이유.

첫째는 '내가 아는 만큼 지혜도 함께 자란다' 는 것을 느꼈기 때문이다.

둘째는 '내가 아는 만큼 창조성이 더 생기더라' 는 사실이다.

셋째는 '내 소중한 인생! 더 신나게 놀고, 더 신나게 즐기기 위해…….'

오늘도 공부를 합니다. 애써 배우려 노력합니다. '맞아요! 당신들 말대로 그저 단순하게 적당히 놀고, 그저 평범하게 인생을 즐기려면

공부하지 않습니다.' '더' 라는 한 글씨를 내 인생에 붙이고자 공부를
합니다.

　박사학위를 받았어도 더 노력하려는 이유도 그 때문이다.

시도하지 않고서는 깨달음을 얻을 수 없다

도전하는 아름다움, '아 이거구나!' 하고 느끼는 깨달음. 무언가 시도하지 않은 사람은 경험 할 수가 없다. 그래서 시도하는 자에게만 깨달음을 주는 것이 인생 논리인가 보다.

난생 처음 뉴욕에 다녀온 후 영어 학원을 등록하기로 했지만 차일피일 미루다 한 달 후에 등록을 하게 되었다. 일주일에 2번 강의가 있지만 꼭 한번은 빠지기 일쑤다.

어제는 정말이지 가기가 싫었다. 업무에 지쳐 쉬고 싶었다. 잘 알아듣지 못하니 스트레스가 심하다. 또 금방 까먹는다. 그렇게 할 바에야 차라리 영어 배울 시간에 즐거운 시간이나 보내는 게 상책이 아닌가 하는 유혹이 나를 괴롭혔다. 차를 몰고 학원에 가는 그 시간까지 그 갈등은 여전했다. 그렇지만 젊었을 때도 몇 번을 그랬듯 이번에 영어 공부를 실패하면 평생하지 못할 거라는 생각이 앞서 학원으로 발길을 옮겼다. 아(我)와 비아(非我)의 싸움에서 아(我)가 이기는 순간이다.

원어민 수업……. 수업 내내 잘 알아듣지는 못해도 차츰 오기가 발동했다. 나는 오기가 발동하면 끝장을 보는 성격이란 사실을 이미 알기에 짜증 속에서도 희망을 읽을 수 있었다.

수업이 끝나고 원어민 강사에게 다가가 말했다. 2달만 기다려줘라.

지금은 잘 알아듣지 못해도 내가 꼭 열심히 하겠다. 원어민 강사는 나를 보며 "고맙다!"며 엄지를 치켜세워 주었다.

나이 먹고 공부한다는 게 피곤하기도 하고 어찌 보면 창피하기도 하다. 그렇지만 아름다운 도전은 그까짓 시선쯤이야 능히 극복할 힘을 지녔다. 또한 '누군가가 나이를 잊고 도전하는 사람이 있어야 젊은이들에게 신선한 자극을 줄 수 있는 법이다' 라고 생각하니 더더욱 자신감이 생겼다.

그날은 술을 좀 마셨다. 술이 약한 나로서는 곤혹이다. 하지만 박사학위 공부할 때도 그랬거니와 마시지 않으면 스트레스 받아 포기한다는 생각에 원하지 않은 술과 친했던 기억들……. 나 자신과 싸워 이길 수 있는 길이라면 좀 힘들어도 좋다. 나는 힘든 그 길을 반드시 갈 것이다. 그리고 원하는 것을 이루어 내고야 말 것이다. 내가 이렇게 힘들어 할 때 무언가 하나를 얻었던 값진 기억이 새록새록 나를 춤추게 한다.

공부를 하다보면 힘들다는 핑계로 술 마시는 횟수가 50번, 아니 100번은 되겠지……. 그 많은 고통스런 날들을 뒤로 해야 무엇인가 하나를 얻을 수 있는 법. 세상 그 무엇 하나 공짜가 없음을 다시 한 번 새삼 느끼는 하루였다.

첫 도전에 떨면 한평생 용기가 없어진다

옛말에 "첫 추위에 떨면 겨우내 춥다"는 이야기가 있다. 나 역시 그랬다. 중 3때 체력장 준비한다고 철봉에 매달려 뱅글뱅글 도는 철봉 운동을 하다 그만 균형을 잃고 떨어져 팔목을 다친 적이 있다. 그때 삐끗했던 팔목을 방치해뒀던 터라 지금도 약간 팔목이 어긋나 있다. 그렇듯 한번 겁을 먹고 나니 그 후에는 철봉을 잡기가 겁이 났다. 운동 좋아하는 사람이지만 아직도 철봉 곁에만 가면 철봉을 하고 싶다는 생각이나 마음도 없다.

젊은 날의 한 번의 실수……. 이것을 겁나해서는 평생 잊고 살아야 한다는 걸 느꼈다. 그렇듯 인생의 첫 도전 또한 실패를 맛보았다 해서 그냥 방치해두거나 겁을 내서는 무슨 일이건 재도전할 동력(힘)이 없어진다. 첫 추위에 떨지 말고 반갑게 맞아야 한 겨울을 추위에 떨지 않고 지낼 수 있듯이 인생의 첫 도전, 즐기면서 받아들이는 용기가 있었으면 한다. 실수를 해봐야 더 큰 것을 이룰 수 있다. 이처럼 인생은 끊임없는 도전과 좌절 속에서 꽃 피우는 것이지 한가하게 성공을 갈구해서는 그 어느 것 하나 이룰 수 없다.

성공의 값진 보물을 쉽게 탐하려는 것은 성공에 대한 도적질이다. 성공에 대한 예의를 갖추어야 한다. 성공에 대한 예의는 내가 어렵게 일구고자 하는 마음이다.

미녀를 얻으려면 열 번, 백 번은 찍어야 한다. 성공을 얻으려면 천 번, 만 번은 찍어야 한다. 과감히 첫 도전을 하려는 마음, 실패를 거울 삼아 새롭게 다시 도전하려는 마음을 가진 자만이 성공의 마스터키를 손에 쥘 수 있다.

지성(至誠)이 있어야 성공한다

찬바람이 매섭다. 오늘따라 인생의 짐이 더 무겁게 느껴진다. 갑자기 '지성'이란 단어가 떠오른다. 내가 걸어야 할 삶의 몫이 한참은 더 커진 것 같다. 어찌 살아야 잘 사는 법인가?

첫째는 지성(知性)이 있어야 한다. '지성'이라 함은 지각된 것을 정리하고 통일하여, 이것을 바탕으로 새로운 인식을 낳게 하는 정신 작용을 일컫는 말이다. 새로운 인식을 낳는다는 것은 새로운 것을 창조한다는 뜻이다. 지성인으로 살아가려고 하지만 지극히 몸놀림은 둔하다. 이 사회에서 해야 할 일이 많은데……. 나처럼 많은 사람들이 지성인으로 살아가려고 하지만 불행하게도 이 사회에서는 정의로운 지성인들을 찾기가 힘든 것 같다. 나부터 반성하고 싶다.

둘째는 지성(至誠), 즉 지극한 정성이 있어야 한다는 이야기다. 배움, 일을 하는 데 있어 성실함이 뒷받침 되지 못하면 아무것도 이룰 수 없다. 또한 성실함이 없는 이룸은 그 영광이 오래가지 못한다. '지성스럽다'는 이야기가 있다. 이는 지극히 정성스러운 구석이 있다는 뜻이다.

이처럼 성공한 사람 곁에는 언제나 남모르는 정성스러움이 숨어 있다. 성공은 지성스러움에서 출발하고 지성의 끝에 성공이 매달려 있음을 잊어서는 안 되겠다. 게으른 나를 깨우는 하루인 것 같아서 참 행복하다. 더 부지런해져야지…….

성공의 오곡밥을 짓는 심정(心情)으로……

3월이 되면 꿈에 그리던 대학 강단에 서게 될 것 같다. 참 꿈같은 이야기다. 공고를 졸업하면서 그토록 갈망했던 대학 입학의 꿈. 그리고 설레는 마음으로 대학에 첫 발을 내딛던 지난날의 추억이 뇌리를 스쳐 지나간다. 그 후로 많은 세월이 흘렀다.

햇수로 30년 강산이 무려 3번 바뀌었다. 그런 내가 대학 강단에 선다. 설레는 마음, 두려운 마음이 교차한다. 갈망, 설렘 그리고 30년 세월을 담아 혼(魂)이 살아있는 강의를 한다는 생각에 일이 손에 잡히지 않는다.

개강이 많이 기다려진다. 3월이 되면 모교의 학생들 앞에 서는 꿈같은 현실이 내 앞에 다가온다. 또 한 번 감사함을 느낀다. 그동안 애써 배워온 지식과 지금까지 열정적으로 살아온 경험 그리고 가르침을 갈망했던 마음을 온전히 쏟아 부으려 한다. 혼(魂)을 담고 싶다는 마음은 사치일까? 그래도 기꺼이 담고 싶다.

학생들과 만난다는 설렘에 잠이 오지 않는다. 첫 시간부터 나는 그들에게 도전과 좌절을 이기고 사업을 성공시킨 노하우와 그동안 사업을 하면서 배운 인생의 경험담을 들려주고 싶고, 정성을 들여 맛있는 '성공의 오곡비빔밥'을 만들어 주고 싶은 심정(心情)뿐이다. 행복이 밀려온다.

배웠으면 배운 값을 하라

재화나 서비스를 사용했을 때 느끼는 만족감의 크기가 클 때 이를 가치(價値)있다고 말할 것이다. 값(Value)은 가치(價値)다. 즉 밥 먹었으면 밥값하고, 배웠으면 배운 값을 해야 한다는 이야기다.

고학력 사회로 접어들면서 석 · 박사가 넘쳐나는 세상이 된지 오래다. 가정적으로, 사회적으로 보더라도 배움으로 인한 긍정적 효과가 있어야 할진데 고학력의 폐해는 많이 볼 수 있어도 긍정적인 효과는 생각보다 미미한 것 같다. 참으로 안타까운 현실이다.

배웠으면 배운 값을 해야 한다. 우리가 비싼 돈을 주고 물건의 값을 지불했으면 그 물건의 값만큼 내게 유용하게 쓰이기를 바라듯이 배움도 마찬가지다. 그렇지 못하면 돈과 시간만 낭비하는 꼴이 된다. 그래서는 아니 된다.

등록금이 비싼 것은 누구나 안다. 한마디로 엄청 비싸다. 그렇게 비싼 돈을 지불하고 학위를 딴다. 돈은 돈대로, 시간은 시간대로 엄청난 비용을 지불해서 공부를 하고 학위를 딴다. 그러기에 배운 것을 헛되지 않도록 해야 한다는 것이다.

도둑 중에 제일 나쁜 도둑이 학문 도둑이다. 남의 논문을 표절하는 것만 학문 도둑이 아니다. 배우고 가치를 못하는 것도 도둑이다.

나는 학생들에게 특강을 할 때 '배움의 크기가 네 인생의 크기다' 라고 강조를 한다. 인생의 크기를 키우려면 첫째는 배워야 한다는 것이요, 둘째는 배웠으면 밥값 하라고 외친다. 그렇게 외칠 때는 사실 두렵다. 배우고 배운 값 못할까 봐서……. 그래서 그런지 특강이 끝나면 자기반성과 함께 늘 마음의 기도를 한다. 부디 학생들에게 외친 나의 목소리가 공허한 메아리로 되돌아오지 않게 해달라고. 그리고 배운 만큼 가치를 발하는 학생들이 되게 해달라고…….

광고 마케팅이 '인생 마케팅'이다

흔히들 마케팅(marketing)이라 함은 '생산자가 상품 또는 서비스를 소비자에게 유통시키는 데 관련된 모든 체계적인 경영활동'을 말한다.

TV를 보다보면 수없이 쏟아지는 광고물의 홍수 속에서 살아간다. 간혹 프로그램을 집중하고 있다가 광고로 인하여 맥이 끊길 때는 짜증도 나지만 광고에서 흘러나오는 멘트는 삶의 가르침을 주는 것 같아서 그나마 위안이 된다. 피하지 못하면 즐겨라.

《성공하는 광고 마케팅의 숨은 심리》(신강균 저)라는 책을 보면 이런 말이 있다. "훌륭한 낚시꾼은 물고기처럼 생각해야 한다"라고……. 그렇듯 오늘도 광고 기획자들에 의하여 쉼 없이 쏟아져 나오는 광고는 판매 및 작품으로서의 역할뿐 아니라 인생의 팁(Tip)을 줄 때가 많다. 광고 문구 하나만 잡아도 자신의 변화된 삶을 추구할 수 있다.

광고의 팁은 덤이다. 보너스다. 광고의 홍수 속에 짜증을 내기보다는 광고를 보며 자신의 인생을 한번 뒤돌아봄이 어떨까 싶다. '생각대로 T', '생각대로 된다'는 모 회사의 광고가 생각난다. 나는 그 광고에 하나를 더 붙이고 싶다. '꿈은 생각한 이상으로 된다고…….' '꿈은 사치스러울 정도로 크게 가져도 된다고…….'

철없는 '봄날'

올해 봄 일조량이 40년 만에 가장 적은 해라는 기상청의 발표를 접했다. 최근 40년 동안 가장 햇볕이 적고 비가 많이 오는 봄을 보내고 있다. 더구나 내일은 강풍에 폭우까지 겹친다 하니 가히 철없는 봄날이라 할 수 있겠다.

에구, 이놈의 봄날 왜 그런지 모르겠다고 하소연한들 무슨 소용 있겠느냐마는 그래도 날씨 덕분에 한 가지 배움이 있어서 좋은 하루인 것 같다. 그것은 사람이건, 계절이건 모두 하나같이 철이 들어야 한다는 것이다. 철든다는 것은 '그 때에 든다는 것'이고, '그 시간 속에 든다는 것'을 의미하기에 우리가 봄날에 따사로운 햇살을 보지 못한다는 것은 슬픈 일이다.

그렇듯 우리 인생도 마찬가지라는 생각을 한다. 열심히 공부할 때, 때를 놓치지 말아야 하며, 열심히 일할 때, 그때를 놓치지 말아야 한다. 모든 것은 때가 있기 때문이다. 철지나 폼을 잡아본들 아무 소용없다. 인생이건, 계절이건 제철에 맞는 옷을 입어야 폼이 나듯, 폼 나는 철든 인생을 살려거든 오늘 하루 때에 맞는 일을 찾아서 열심히 노력하는 마음을 가져야 한다는 것이다. 그것이 철든 인생을 살아가는 성공의 발걸음일 테니 말이다.

나이 들수록 열정이 없으면 쉽게 늙는다

차가운 겨울날 보온병에서 나오는 따뜻한 커피 맛을 잊을 수가 없다. 편의점 호빵 통에서 막 꺼낸 뜨거운 호빵을 호호 불며 먹던 생각이 난다. 너무 배가 고파 허겁지겁 먹다 보면 어김없이 입천장이 데여 쓰라린 경험이 한두 번이 아니다. 그래도 그저 맛있어 좋았던 어린 시절……. 그때 그 시절이 그립다.

이제 세월이 많이 흐른 듯하다. 머리는 희끗희끗해지고 세월의 잔주름이 늘었다. 그러고 보니 어떤 때는 나도 외롭다. 흐르는 세월 따라 외로움도 함께 늙어 가나 보다.

어떤 때는 떨어지는 꽃잎만 보아도 울적해진다. '남자가 나이를 먹으면 연속극을 보면서도 운다'는 말처럼 세월 앞에 장사(將士)가 없을 듯싶다. 그러나 나는 말하고 싶다. 나이가 먹고 흰머리가 많아져 슬픈 것이 아니라 나이 들수록 열정이 식어가는 느낌이 들 때 그때가 가장 슬프다.

'안티에이징(anti-aging)' — 나이 드는 것을 막다. 젊게 산다는 말이 유행이다. 그래서 늘 젊게 살려고 노력을 한다. 내가 젊게 살려고 하는 이유는 나이 들수록 열정도 함께 따라 늙기에 나의 열정만큼은 언제나 생생하고 탱탱하게 유지하려고 항상 애를 쓴다. 때로는 푼수 같아도 좋다. 때로는 가벼워도 좋고, 나잇값 못해도 다 용서가 된다. 그러나 삶의 열정이 식는 것만큼은 용서할 수가 없다. 열정이 있어 행복했고, 열정이 있어 신나게 배웠다.

일에 대한 열정이 강했기에 오늘의 내가 있음을 안다. 그러기에 열정이 없는 내 인생은 상상하기도 싫다.

아침에 눈을 뜨면 새로운 즐거움을 찾아 나서야지……. 무언가 즐길 일을 찾아 나서는 것은 내 삶의 보온병처럼 내 안에 열정이 식지 않게 나를 보호해 줄 것이니…….

'아쉽다' 생각할 때가 배울 때이다

　너무 아쉽다. 대한민국 선수들의 투혼(鬪魂)을 기대했었는데……. 실력 앞에는 투혼도 별다른 힘을 발휘하지 못하나 보다. 아르헨티나와의 일전은 처음부터 힘든 경기가 될 것이라고 예상했다. 감독은 많은 고민을 했겠지만 나는 출전 선수 명단을 보고 찜찜했다. 실력이 안 되면 강한 정신력과 파이팅이 요구되는데 그 점에서 보면 아니다 싶은 생각이 들었기 때문이다. 아니나 다를까 경기는 완패로 끝났다. 결과론이지만 져도 내용이 문제인데……. 참 많이 아쉬운 한판이었다.

　살다 보면 이처럼 아쉬울 때 성패가 달려있다고 생각한다. 아쉬움을 곱씹고 반전을 이루는 사람이 있는 반면, 아쉬움을 극복하지 못하고 인생이 망가지는 사람이 있기 때문이다. 이럴 때는 누가 먼저 추스르느냐가 중요하다.

　'한국 선수들! 어제 경기는 잊고 반드시 16강에 올라야 한다는 강한 정신력을 가졌으면' 한다. 지금은 뭐라 해도 강한 정신력과 투혼만이 그동안 고생을 한 선수들의 아쉬움을 씻어 줄 마지막 희망이기 때문이다. 고개를 들어라. 아쉬울 때가 바로 배울 때이다.

　어제도 보았듯 이것이 축구요, 이것이 인생이다. '애써 배우고 열심히 일한 사람 앞에 그리고 실력이 있는 사람에게 늘 행운이 따라

온다. 운(運)은 준비한 자를 좋아하기 때문이다.'

남아프리가 공화국의 골프 대가 게리 플레이어(Gary Player)는 말
했다.

"연습을 많이 할수록 운도 좋아진다"고…….

축구도, 인생도 실력의 중요성을 다시 한 번 확인하는 하루였다.

신제품 출시하듯 사람도 바뀌어야 한다

휴대폰이 어디까지 진화하려는지 실로 상상보다 빠른 현실이 가끔은 내 머리를 혼동으로 몰아넣고 있다. 지금은 스마트폰 덫에 걸려있다. 빠른 질주를 하고 있는 변화의 흐름에 적응을 해야 하는데 문제다. 스마트폰을 구입하기는 해야 하는데 도무지 자신이 없다. 지금까지 사용하던 폴더 폰에 너무 익숙해져 버린 것일까?

갑자기 군대 생각이 난다. 천리 행군할 때 한번 대오를 놓치면 낙오자가 된다. 업혀서라도 가야 하는 행군……. 그렇듯 인생도 천리 행군하듯 한 번 놓치면 체념하게 되고, 두 번 놓치면 포기하게 된다. 포기란 게으른 자의 변명일 뿐이다. 그럼에도 창피한 줄 모르고 폴더 폰을 추켜들고 '나는 이게 좋아!' 외치는 내 모습이 가히 처량하게 보인다.

삶의 게임은 '용기(勇氣)'이다. 사랑도, 성공도, 배움도 그리고 신제품에 대해서 두려워하지 않는 마음도 모두 용기에서 나온다. 신제품 출시하듯 나 자신도 새로워지지 않으면 도태된다. 씩씩하고 굳세게 변하려는 노력이 없는 자에게 성공은 해 뜨면 사라지는 이슬에 불과할 뿐이라는 사실을 배운다.

‘성공학 에세이’를 쓰는 글쟁이의 하루

‘하얀 백지에 내 마음을 담는다는 것’은 언제나 행복한 것 같다. 잘 쓰고, 못쓰고를 떠나 나만의 자유여행을 떠나는 기분이기 때문이다. 그래서 즐거운 마음으로 글을 쓴다. 향기 나는 글을 쓰고, 내 글의 향기를 누군가 맡아준다면 행복이겠지……

블로그를 통해 한 줄 한 줄 써내려 가는 도중에도 생활의 많은 반성을 한다. 꺼져가는 열정을 부채질하기도 하고, 세상을 바로 보는 안목을 넓히고자 하는 노력도 게을리 하지 않는다.

글 쓰는 재미는 여기어 그치지 않는다. 젊은 독자들에게 다가가고 싶은 욕심 때문인지 몰라도 글을 쓰면서부터 예전보다 몸도 마음도 젊어지는 느낌이다. 이 또한 글쟁이의 보너스라 하겠다.

창밖을 본다. 하늘과 땅을 잇는 소통의 비가 내린다. 비가 와서 그런지 오늘따라 로스터스 빈(Roaster’s Bean)의 향기가 더 진하게 코끝을 자극한다.

내 글이 독자들에게 마치 갓 볶아낸 맛있는 원두커피의 부드러움처럼 친근하게 다가갔으면 좋겠다는 생각을 해본다.

행운을 위해 행복을 짓밟지 마라

배움의 길을 걷는다는 것은 언제 보아도 좋은 것 같다. 새로운 것을 얻는 것도 많을뿐더러 자신을 뒤돌아 볼 수 있는 눈(안목)을 키워 주는 것 같아서 기분이 좋다. 이번 달은 또 하나의 의미 있는 길을 걸었다. 지금까지 철강 CEO 생활만 하다가 작년부터 성공학 특강을 하다 보니 늘 부족함이 많이 있었다. 그러던 중 인천 성장교육센터에서 실시하는 '웃음치료사, FUN 리더십' 강의를 수강하게 된 것은 매우 의미 있는 일이라 하겠다.

아무리 좋은 음식 재료가 있어도 요리사의 손맛과 정성 그리고 요리 실력이 있어야 맛있는 요리가 되듯, 특강시 아무리 좋은 이야기도 언어 전달능력이 부족하면 감동을 줄 수 없다.

적지 않은 나이에 쑥스러움을 무릅쓰고 시작한 교육이었지만, 끝나는 그 시간까지 용기를 내서 접수하기 참 잘했다는 생각이 뇌리를 떠나지 않았다.

구구절절 가슴에 와 닿았을 강의로 시간 가는 줄 모르 16시간 강의를 마쳤다. 그 중에 한 '행복' 이란 단어를 새로 보듬게 된 이야기가 있다. 네잎클로버의 꽃말은 '행운' 이며, 세 잎 클로버의 꽃말은 '행복' 인데, '사람들은 행운만을 바라며 행복을 짓밟는다' 는 것. 사실 그렇다. 우리는 네잎클로버 하나를 찾기 위해 수많은 세 잎 클로버가 짓밟히는 우(愚)를 범하며 살아왔다. '행운' 하나를 얻기 위해 수많은 '행복'을 짓밟고 살아 온 지난날이 반성되는 시간이었다. 세상 어떤 금은보화보다 더 가치 있는 '행복'을 네잎클로버를 통해서 배웠다.

행복으로 가는 좋은 길을 찾고, 행복에 대한 마음의 문을 활짝 연 좋은 시간이 된 것 같아 기분이 좋다.

졸업식을 마치고……

3 + 12 + 15 = 33

내 배움의 숫자다.

고등학교 3년, 이후 대학졸업까지 무려 12년 그리고 대학원 생활 15년 만에 박사학위를 받았다.

어제 졸업식이 끝나고 이것저것 생각이 많아진 것 같다. 돌이켜보면 2008년은 두루두루 많은 성과를 얻는 한 해였지만 얻은 만큼 지금부터 할 일이 더 많아진 듯하다.

갑자기 생각 하나가 머리를 스치고 지나갔다.

'맛있는 밥을 배부르게, 아니 배터지게 먹은 사람이나, 라면으로 허기를 때운 사람이나 다음날 배고픈 것은 마찬가지다.'

무언가 해냈다는 설렘보다 마음이 허(虛)한 것이 그 때문일까? 그래서 올해는 이룸보다는 나를 바로 보는 시간을 갖고 싶다. 이제는 책가방 잠시(?) 내려놓고 사람 냄새나는 따뜻한 곳을 여행도 하고 싶고, 잔잔한 인정과 위로가 있는 곳에서 담소도 나누고 싶다. 나도 몰래 멀찌감치 달아나버린 '여유' 란 놈도 다시 찾아 마음껏 놀아주고 싶다. 지인도 만나고, 옛 친구도 찾아보고 싶다. 사랑이 그리운 곳을 발로 찾는 연습이 필요한 때인 듯싶어서…….

가녀린 나뭇가지에 주렁주렁 매달린 과일나무 남 보기에는 좋지만 정녕 그 나무는 고통스럽고 힘들 듯 이제는 자신을 위해, 메마르지 않는 삶을 위해 뿌리를 깊게 하고, 줄기를 단단하게 키워 나의 삶을 위로하는, 그런 소박한 계획을 차근차근히 가져 보련다.

성공하는 리더의 5가지 습관
– '명사와의 만남'

2010년 9월 14일 평택대학교에서 '명사와의 만남' 특강을 가졌다. 대강당을 꽉 메운 학생들 앞에서 '성공하는 리더의 5가지 습관' 이라는 주제로 중소기업 CEO로서 행복하게 살아 온 인생역정을 하나하나씩 들려주는 의미 있는 시간을 가졌다. 아직은 '명사' 라는 표현이 다소 어색하고, 사회적인 인지도가 약한 강사임에도 진지하게 듣고, 자신의 느낌을 꼼꼼히 메모하는 학생들과 함께한 90분 동안의 열띤 강의를 지금도 잊을 수가 없다.

[성공하는 리더의 5가지 습관]

1. 아빠의 고백 – 자식 사랑에 감춰야 했던 아픈 추억, 자식 몰래 숨기는 아빠의 눈물 그리고 사랑을 이야기하고 좋은 아버지로 돌아가야겠다는 말로 끝을 맺었다.

2. 아름다운 도전 – 청년 대학생들의 아름다운 도전은 계속되어야 한다. 시도하는 자에게만 깨달음을 준다. 세상에서 가장 좋은 리더십이 배려다. 배려는 상대방을 편하게 해주는 것이다.

3. 작은 것이 아름답다 – 작은 행복을 씹어야 큰 행복 다가온다. 마음의 밭 상태에 따라 인생이 결정지어진다.

4. **성공은 바보다** − 성공의 라이선스를 취득하라. 성공에도 자격증 시대가 열렸다.

5. **성공하는 리더의 5가지 습관** − 매일 미래의 꿈을 꾸는 사람, 매일 배움을 위해 노력하는 사람, 한날한시도 일과 일터를 사랑하는 마음을 놓지 않는 사람, 날마다 보고 느낀 것을 행동으로 옮기는 사람, 내가 살면서 만나는 좋은 분들께 예의를 다하는 사람이 되자.

결국 '성공은 꿈, 배움, 일, 행동, 인연이라는 5가지 습관으로 만든 사다리'를 누가 먼저 세우느냐의 게임인 것이라고 말하며 특강을 마쳤다. 내게 있어 너무나 행복하고 소중한 시간이었던 것 같다.

박사학위 취득이라는 이름의 함정

나는 세상을 살면서 내가 고마울 때가 있다. 바로 오늘과 같은 날이다. 월요일의 아침! 출근을 하는데 문득 나 자신에게 각별한 당부를 한다. 다름 아닌 '박사라는 성공의 함정에 빠지지 마라' 이다. 오랜 시간을 투자하여 어렵게 취득한 박사학위는 내 인생에 있어 칼(劍)과 같다는 느낌이 들었다. 칼은 제대로 사용하면 내 인생에 큰 선물이 되지만, 가치 있게 사용하지 못하면 흉기가 된다.

아침에 출근하여 '학위기' 를 바라보면 너무 뿌듯하고 볼 때마다 소중하게 느껴진다. '소중한 만큼 가치를 더하게 하라.' 이는 나에 대한 나의 숙제이자 곧 명령이다.

출근시간에 받아든 '행복 미션' 때문에 월요일 아침부터 행복하다. 무엇인가 깨닫고 또한 생각한 바를 실행하는 한 주가 나를 기다리고 있다는 생각을 하니 또 한 번 내 얼굴에는 생기가 돈다.

따끈한 커피 한잔을 마신다. 그러면서 자신을 반성해 본다. 앞으로 살면서 몇 가지는 반드시 지키자. 학위로 인하여 좀 더 '교만해지지 않을까?' 이제 뭔가 좀 할만 하다고 '더 배우려 들지 않을까?' 그리고 더 큰 함정인 '다른 사람을 배려하는 마음이 좀 더 작아지지 않을까?' 하는 무서운 마음을 가졌다. 그렇게 되어서는 아니 된다.

3가지의 미션은 앞으로 끝까지 지켜야 할 나 자신의 숙제라는 사실을 새롭게 인식하였다. 겸허하게 다가서고, 겸손하게 더 배우기를 힘쓰고 이 사회에 배운 자의 몫을 실천하는 아름다운 사람이 되었으면 한다.

학위를 마치고……

살면서 아무리 힘들고 어려워도 어렵다는 내색을 하지 않던 나다. 그런 내가 힘들어하는 것을 보면 정말 힘들긴 힘든 모양이다. 흔히들 그런 말을 한다고 한다. 남자에게 '군대 갈래? 박사학위 논문 쓸래?' 하고 물으면 다들 군대를 열 번이라도 간다고 하고, 여자에게 '애 낳을래? 박사학위 논문 쓸래?' 하고 물어도 차라리 애를 몇 명 더 낳고 말겠다고 한다는 말이 있다고 한다. 그 얼마나 어려우면 그 얘기가 나왔을까 하고 이해가 간다. 엊그제는 이화여대 옆에 가서 가운을 맞췄다. 가운을 입어 보는데 기쁜 표정이 아니다. 박사학위 논문이 기쁨보다는 허(虛)한 생각이 먼저 내 마음에 들어와 앉아 있는 듯했다. 몸도 마음도 텅 빈 것처럼 느껴진다. 후유증을 이겨내기 위해서는 일정 시간의 투자와 휴식이 뒤따라야 할 것 같다.

그럼에도 나는 몸살 앓을 시간이 없다. 그동안 하지 못한 많은 일들이 기다리고 있기 때문이다. 스스로 위안하고 스스로 자신을 위로하려 해도 쉽게 제자리에 돌아오지 않는다. 내 삶의 원래 모습으로 되돌리기에는 시간이 필요한 모양이다. 기쁨보다는 마음의 짐을 털어내는 노력이 절실히 필요할 때인 듯싶다.

나는 꼴찌다

　　나이 50에 태권도를 한다는 게 쉬운 일은 아닌가보다. 결코 쉽지 않은 그 배움의 길을 걷고 있다. '인생은 평탄한 길도 있지만 굽은 길, 오르막길도 있다. 배움은 평탄한 길을 걸을 때 사용하는 무기가 아니라 굽은 길, 오르막길을 걸을 때 사용하기 위해서 배우는 것이다.' 늦은 나이에 태권도를 하는 이유도 미래를 행복하게 살고자 하는 욕망에서 운동을 하는 것이다.

　　청량 태권도장의 마지막 타임은 9시 반이다. 하루일과를 마치고 쉬어야 할 시간에 몸을 만들고 있다. 고등학생과 청·장년층이 운동을 하는 시간이다. 젊은이들과 함께하는 즐거움은 있지만 따라 하다 보면 금세 지치고 만다. 그렇다보니 땀은 비 오듯 흐르고, 늘 꼴찌다. 도장에 가면 나는 '꼴찌 인생' 이다.

　　그러나 운동하는 게 너무 즐겁다. '비록 운동을 하는 사람 중에서는 꼴찌지만, 운동을 하지 않는 사람들을 모아놓으면 그때는 내가 일등이다.' 도복이 땀에 흠뻑 젖는다. 도복에 땀이 밸수록 나의 자신감과 건강은 적금 쌓이듯 불어만 간다. 그래서 많이 행복하다. 무엇인가 시도하는 즐거움 속에서 성공도 소리 없이 인큐베이팅 되고 있음을 느낀다. 샌드백을 칠 때마다 짝짝 달라붙는 느낌처럼 행복이 내 몸을 감싼다. 하루가 행복하다. 누가 이 행복한 기분을 알까?

끝이 보이지 않는 배움에 대한 열정

내 인생에 있어 배움의 열정은 가도 가도 끝이 없는 사하라 사막처럼 끝이 보이지 않는 것 같다. 한 해 한 해가 가도 그 열정의 끝은 보이지 않는다. 끝이 보이지 않기에 나는 배움의 길을 걷고 또 걷는다.

2009년에는 박사학위를 받았다. 1997년 대학 입학해서 30년 만에 받은 박사학위이기에 학위를 마치면 배움의 열정이 식을 줄 알았는데 오히려 열정은 배가되어 나에게 돌아온다. 이것이 열정의 부메랑인가?

2010년 2월 20일 '국기원 태권도 심사' 가 있던 날이다. 늦은 나이에 태권도 3단 승단시험에 도전하는 멋쩍음도 있었지만 마음만은 설렘 그 자체였다. 자녀의 승품, 승단을 보러 온 부모님들이 나를 힐끗힐끗 쳐다본다. 부모들보다 많은 나이에 승단시험을 보려고 몸을 푸는 모습이 의아했던 모양이다.

어린아이들의 승품심사를 마치고 드디어 성인부 승단심사가 시작되었다. 나이를 떠나 배우는 자세로 임하자. 대학생보다 더 큰 우렁찬 목소리로 기합을 넣으며 그동안 도장에서 연마한 기량을 마음껏 발휘하였다.

승단심사가 끝나니 기분이 좋고 속이 시원했다. 땀을 흘린 대가만큼이나 승단시험을 잘 치렀다는 생각에 마음이 뿌듯했다. 기쁘다. 행복하다. 언제나 그렇듯 뿌듯함 뒤에는 열정이 뒤따라 온다. 조용히 결과를 기다리는 마음에 하루가 즐겁고 행복하다. 아궁이에 꺼진 불을 지피듯 즐거운 마음으로 또 다른 배움을 생각하는 설렘이 있어 너무 좋다.

내가 애써 운동(태권도) 하는 이유

명절 전이라 몸과 마음이 피곤하다. 운영하는 사업체가 수주산업이기 때문에 물량을 조절하지 못한다. 많을 때는 많고, 적을 때는 적고……. 하필이면 명절 전에 수주량이 많아 소화하기 힘들다. 납기를 맞추느라 애써 열심히 일하는 직원들을 보면 나도 모르게 스트레스를 받는다. 늦은 시간까지 그렇게 하루가 지나갔다.

그러나 아직 끝나지 않았다. 나는 또 할 일이 남아있다. 다름 아닌 운동(태권도)이다.

부랴부랴 태권도장으로 향했다. 벌써 중고생들은 한겨울을 아랑곳 않고 굵은 땀을 흘리며 우렁찬 기합소리를 내뱉고 있다. 인천 청량 태권도체육관의 하루는 그렇게 시작된다. 밤 9시 반 마지막 타임이다. 지치고 힘들어도 내게는 꿈이 있어 포기할 수 없는 길이다. 4단을 취득하여 사범자격증을 받고 사회에 봉사하는 것이 내 꿈이다. 나이 들어서도 건강한 삶을 유지하고 사회를 도모하기 위해 몸을 가꾸고 있다.

'신나는 세상, 행복을 누리려면 몸이 건강해야 한다.' 그러기에 남다른 열정으로 땀을 흘리고 있다. '50세의 나이에 무슨 태권도냐'고 비웃는 사람이 있다. 하지만 나는 행복하다. 무언가 배운다는 것이 좋고, 나이 들어 탄력이 떨어진 근육에 힘이 붙어서 좋다. 내가 무엇을 배운다는 자체만으로도 행복하다. 지금은 4단 심사를 앞두고 있다. 땀을 흘리며 노력한 만큼 4단을 반드시 취득할 수 있도록 남은 기간 최선을 다하고 싶다.

골프 레슨과 성공의 기본

어떻게 하면 골프를 잘 칠 수 있을까? 골프를 잘 치기 위함이 많은 골퍼들의 고민이다 보니 자연스럽게 프로 선수들이나 아마 고수들이 전해주는 말 한마디에 쫑긋 귀를 기울인다. 그러나 그들이 말하는 레슨 팁(Tip)은 의외로 간단하다. 바로 "머리 들지 마십시오(Don't head up)"다.

골프를 처음 배울 때는 잘 따라하다가도 어느 정도 칠만 하면 헤드업을 밥 먹듯 하는 게 골프인 듯싶다. 그러다 보니 자연히 골프 실력은 뒤로 뒷걸음질 한다. 원인이 무엇인지를 모른다. 그러나 그것은 자신의 샷에 집중하기보다는 미리 앞을 내다보기 때문이란 사실을 뒤늦게야 안다. 바로 헤드업이 문제란 사실을 말이다.

그렇듯 성공에도 자꾸 뒷걸음치는 인생을 우리는 간혹 볼 수 있다.

명문 대학 나왔는데…….

좋은 직장 다녔는데…….

집안이 '빵빵' 한데…….

도대체 무엇 때문에 자기 인생이 뒷걸음치는지 원인을 모르고 산다.

바로 헤드업이다. 자신이 지금 집중해야 될 곳에 집중하지 않고 과거 잘나갈 때를 생각한다든지, 아니면 미리 결과를 알고 싶어 하는 성급함이다.

골프를 칠 때 공을 끝까지 보는 것과 일을 하면서 현실을 똑바로 보는 것은 바로 연습이요, 훈련밖에 없다.

바로 "머리 들지 마십시오(Don't head up)"다.

골프의 구력이 쌓일수록, 인생의 경륜이 쌓일수록 기본에 충실하고 교만하지 않는 자세가 바로 성공의 자세가 아닌가 싶다.

난생 처음 미국 가는 날

내 나이 50에 미국 비행기를 처음으로 탄다.

'설렌다' 는 표현이 어울릴 듯싶다.

내 마음이 설레는 동안 마음은 벌써 미국에 가 있다.

많은 것을 느끼고 돌아오고 싶다.

제조업 CEO를 하면서 'The world best! 세계제일의 제품 한번 만들어 보고 죽자.'

아직 절망하기 이른 '나이 50의 꿈.'

오늘 나는 그 꿈을 위해 떠난다.

미국의 기술을 뛰어 넘고, 미국인들과 경쟁해서 이길 수 있는 자신감을 가지고 돌아오고 싶다.

미국 여행이 즐거워 설레는 것이 아니라 가지고 돌아올 자신감에 내 마음이 설레나 보다.

또 다른 세상으로 향하는 여행

뉴욕 여행 4일째, 날씨가 덥다. 하지만 꿈과 행복을 가득 실은 뉴욕 하늘은 오늘도 나를 향해 손짓을 한다. 아마도 내가 시기하는 마음도, 질투하는 마음도 전혀 눈치 채지 못하나 보다. 참 한심한 놈이다. '왜 유독 이곳 하늘에만 꿈과 행복을 많이 주었을까?' 실로 궁금해 하는 지금 이 시간에도 많은 사람들은 뉴욕을 동경하고, 또 이곳으로 발길을 향하고 있다.

욕심 같아선 이곳 맨해튼 하늘에 떠 있는 '꿈과 행복'을 모두 한국으로 가져가고 싶다. 신기하게도 이곳에 오면 꿈이 커진다. 행복의 키도 쑥쑥 커져만 간다. 그래서 설렌다. 사람이 설렌다는 것이 이래서 좋은 모양이다. 워낙 먼 거리 여행인지라 비용은 꽤 들어간다. 그렇지만 배움의 가치를 고려하면 결국은 남는 장사가 된다. 이번에도 예외가 아니다. 벌써 끝나지 않은 여행 속에서도 이미 자신감은 커져만 가고 있으니…….

여행을 마치고 한국으로 돌아가는 여행가방 안에는 선물꾸러미 대신 앞으로 내가 살아갈 '꿈과 행복'이 가득 담길 것 같다.

"여행의 크기가 네 인생의 크기다." 오늘도 또 다른 세상으로 향하는 여행을 통하여 또 하나를 알게 됐으니……. 그래서 그런지 피곤함도 싹 가신다. 오늘따라 허드슨 강이 더욱 아름다워 보인다.

꿈을 찾아 나서는 아름다운 여행

미국과 캐나다 여행 중 가이드가 말한 몇 가지 이야기가 생각난다.

나이아가라를 방문했을 때 "유럽 사람들이 평생 여기 한번 와보고 죽는 게 꿈이라는 그곳에 지금 여러분은 와계십니다. 여러분은 행복한 줄 아셔야 합니다."

가이드의 목소리가 스피커를 통해 흘러나온다.

나이아가라 폭포에서 뿜어져 내려오는 하얀 포말 그 위에 펼쳐지는 쌍무지개……. 환상의 자연 앞에 그저 숙연해질 뿐 벌어진 입을 다물지를 못했다.

하얀 포말 그리고 쌍무지개 그 위에 내던지는, 나의 꿈, 나이아가라 폭포는 지층이 낮아지면서 500년 후에는 폭포가 침하되어 볼 수 없게 된단다. 하지만 내 꿈은 500년, 아니 천년이 지나도 없어지지 않을 것이며, 폭포는 없어져도 나이아가라 폭포에 던져놓은 내 꿈은 영원히 유효하다는 생각에 그날은 잠이 오지 않았다.

나이아가라 폭포, 말 그대로 꿈에 나타나면 반길 그러한 좋은 추억 여행이 된 듯싶다.

세상을 향해 자신 있게 부딪쳐라

　네가 이룰 수 있다고 생각하는 그 꿈은 너의 꿈이 아니다. 혹시나 그런 꿈이 있다면 빨리 지워야 한다. 대장부라면 이룰 수 없다고 생각하는 그곳에 꿈을 쏘아 올리는 배짱이 있어야 한다.

　꿈은 불가능하게 여겨질 뿐, 꿈은 반드시 이루어진다. 자신 있게 부딪쳐라. 네가 이룰 수 없다고 생각하는 그곳에 너의 꿈을 놓아라. 그리하면 반드시 이룰 것이다.

　나이아가라 폭포 맨 앞에 섰다. 수없이 내리는 물줄기를 맞았다. 자연과 싸움에서 지지 않으려는 의지를 다졌다. 나이아가라 폭포는 나에게 속삭이듯 말했다.

　'내가 퍼붓는 폭포수처럼 세상을 향해 자신 있게 부딪쳐라', '그런 나를 닮아라' 라고…….

큰 세상을 보는 멋쟁이가 되자

워싱턴(Washington, D. C.) 관광을 하는 날이다. 이곳 명소로는 국회의사당과 백악관을 비롯하여 역사적으로 진귀한 도서를 소장하고 있는 국회도서관, 각종 박물관 등 많은 볼거리가 있었지만 날씨는 덥고 다리가 아파 마음껏 더 보지 못한 게 못내 아쉬움으로 남는다.

관광을 하며 보고 느낀 것은 이루 말할 수 없지만 그 중에 한 가지가 있다. '바다에서는 꿈꾸기는 쉬워도, 웅덩이에서 꿈을 꾸기는 어려운 법이다.' 워싱턴에서 느껴보는 꿈은 왠지 커 보였다. 그러나 아쉽게도 한국에 들어가면 내 꿈은 어떨까? 의아한 생각이 들었다. 지지 말아야지……. 그들에게 지지 말아야지……. 내가 사는 한국 땅, 비록 미국보다 땅덩어리는 작지만, '내 안의 꿈은 그들의 웅장한 땅덩어리보다 더 크게 가져야지……' 하는 생각뿐이었다.

드넓은 바다에서 꾸는 꿈보다, 웅덩이에서 꿈을 키우기는 몇 배가 어렵고 힘든 법이다. 나는 작은 웅덩이 그 속에 있다. 비록 어렵고 힘든 길이지만 꿈마저 작을 수는 없다. 미국 여행을 계기로 더 큰 세상을 보고, 좀 더 노력하는 멋쟁이가 되자고 홀로 다짐해 본다.

미국에 와서 영어 공부하려면 늦다

미처 준비하지 못했던 글로벌 마인드, 미처 준비하지 못한 글로벌 폼을 가지고 살아 온 부분을 반성한다.

내가 미국에서 업무를……. 아니, 미국에서의 여행을 꿈꾸지 못했다. 미처 글로벌 마인드를 갖지 못했고, 글로벌 폼을 잡지도 못했다. 마치 복싱 선수가 폼을 잡기도 전에 강펀치를 맞은 듯한 얼떨떨함을 느껴야 했다. 다 내가 준비가 덜 된 탓이다. 이십여 년을 배웠어도 제대로 한마디가 튀어나오지 않았다. 웃음도 나고, 한심하기도 하고……. 나를 닮지 마라. 글로벌 마인드를 갖지 못한, 글로벌 폼을 갖추지 못한……. 이번 미국 여행을 통해서 뼈저리게 느꼈던 생각들…….

지금부터 준비하자. 아직 늦지 않았다. 문제가 발견되면 그것을 해결하는 데 열중하는 사람이 되어야 한다. '발분망식'이라고 끼니를 잊을 정도로 무언가에 몰두한다면 아직도 늦지 않다.

"왜 학문에 발분하면 끼니도 잊고 도를 즐기며, 근심과 걱정을 잊으며, 늙음이 닥쳐오는 데에도 그런 것을 알지 못하는 사람입니다(發憤忘食 樂以忘憂 不知老之將至)"라고 대답한 공자님의 말씀이 새삼 떠오르는 이유도 그 때문인 듯싶다.

한 가지 일에 온 정신이 쏠려 있다면 세상에 안 될 일이 없다.

뉴욕에서 느낀 또 하나의 배움

뉴욕에서 느낀 또 하나의 배움, 무언가 하나를 배운다는 자체는 늘 나를 설레게 한다.

얼마 전 뉴욕대학교를 방문해서 들은 이야기가 생각난다. 그곳 뉴욕대학교(NYU)의 교육의 핵심은 '인생에 대한 배움'이다. 그래서 NYU에서는 젊은 학생들이 장차 나아갈 세상에 대한 준비과정으로서 NYU가 제공할 수 있는 모든 자원(resource)을 제공한다고 한다.

교육에 대한 열의만큼은 둘째가라면 서운할 우리나라도 마찬가지다. 대학뿐만 아니라 사회교육 시스템이 잘 갖추어진 나라이기에 우리는 이곳을 통하여 인생에 대한 배움을 끊임없이 추구해야 한다. 활용할 수 있는 모든 자원을 활용하여 개인의 발전을 추구하는 것은 곧 국가와 사회를 위해 이로운 행동이라 하겠다.

배움의 끈을 놓을 때 인생의 의미는 사라진다. 그래서 내 생명이 있는 한 배움의 끈은 놓지 말아야겠다는 생각을 해보았다.

학문을 배운다는 것은 인생을 배운다는 뜻이다. 늘 배우는 자의 아름다운 모습으로 인생을 살아가고 싶다.

너희는 좋겠다. 울어 줄 엄마가 있어서……

뉴욕에서 돌아오는 날이다.

순식간에 8박 9일의 뉴욕 여행이 끝나고 있었다.

뉴욕에 도착하여 시내관광을 하고 다시 캐나다로 향해 나이아가라 폭포를 구경하기까지 적지 않은 시간이었건만 즐거운 시간 뒤엔 늘 이별의 서운함이 배이는 듯…….

뉴욕에서 돌아오는 날 아침.

아침 일찍 어학원으로 향하는 막내아들이 못내 눈에 밟히는 듯 아내와 막내 녀석은 꼭 껴안고 한참을 있더니 급기야 아내는 눈물을 보인다. 잠시 후 나는 아무 말 없이 막내를 데리고 전철역 입구까지 바래다주었다. 막내를 데려다 주고 집으로 향하는데 갑자기 돌아가신 어머님 생각이 났다.

'녀석들……. 그래도 너희는 좋겠다. 울어 줄 엄마가 있어서…….'

어머님 생각에 바로 집으로 향할 수가 없었다. 마침 집 가까이에 숲이 울창한 공원과 허드슨 강이 있어 그곳을 산책하였다. 공원에는 아침 운동을 하는 미국 사람들이 의외로 많았다. 가만히 벤치에 앉아 담배를 물었다. 이렇게 좋은 여행……. 어머님 살아생전에 '미국 여행을 왜 한번 시켜드리지 못했나' 하는 아쉬움과 죄스러운 마음이 교차하는 아침이었다.

Part 3. **일을 찾아 떠나는 여행**

[존재의 이유]

내가 세상에 무엇을 남겨야 하나 브루클린의 한 조용한 카페에서
나를 향해 묻고 있다.
내가 세상에 무엇을 남겨야 하나
내가 세상에 무엇을 남겨야 하나
그것이 내 존재의 이유임을 안다.

[바람이 있어야 파도가 있는 법이다.]

세찬 바람을 원망하지 마라.
바람이 있어야 파도가 있는 법이다.
파도가 있어야 바다도 정화가 된다.
오늘도 바람은 분다.
그래서 행복하다. 그래서 즐겁다.

내 인생의 봇짐에는 무엇을 담을까

인생은 여행이다.

무전여행도 좋고, 화려한 여행도 좋다.

어디론가 떠난다는 자체가 나를 설레게 한다.

인생은 여행이다.

일탈이라 해도 좋고, 추억 여행이라 해도 좋다.

비와 함께 걷고, 구름과 함께 걸을 수 있다면…….

이렇게 좋은 여행길에 같이 갈 사람이 있었으면 좋겠다.

내 영혼 위로해줄

아픈 다리 주물러줄

그리고 함께 비를 맞아줄

그런 사람 있었으면 좋겠다.

여행 떠나기 전

내 인생의 봇짐에 무엇을 담을까 고민하는 시간도 즐겁다.

여행이 나를 설레게 한다.

나는 바보다

사람들은 정신 연령이 떨어지는 사람이나 그러한 행동을 하는 사람을 일컬어 '바보'라고 말한다. 그러나 정작 바보는 나 자신이라고 스스로 고백하고 싶다. 남을 돌아보기 전에 먼저 돌아봐야 할 대상은 바로 자기 자신임에도 삶의 본말(本末)을 잊고 사는 모습이다.

자신은 반성하지 않으면서 유독 남에 대해서는 엄격한 잣대를 들이대는 바보로 살아온 것 같다. '남의 눈에 티는 보아도 내 눈 속에 든 들보는 보지 못한다'는 옛말이 새삼 나를 반성하게 한다. 갱년기를 맞아서 그런가? 아니면 또 다른 목표를 상실하고 사람이 오만해져서 그런가?

주목할 것은 '내 삶의 고비 때마다 잘 작동되어 온 리미트 스위치가 요즘에는 잘 작동되지 않는다'는 것이다. 통제는 물론 자기 자신을 추스를 동력마저 부쩍 약해져 있으니 참으로 딱한 일이다. '마음의 창고'에 쌓아 둔 '행복의 재고'마저 눈에 띄게 줄어들고 있다. 그러니 마음이 허하고, 그런 내 자신이 밉고 한편으론 참 많이 부끄럽다는 생각뿐이다. 이것이 내 삶의 모습은 아닌데…….

조용한 반성의 시간들…….

'fool, 스스로 어리석고 멍청한 세월을 많이 보냈구나'하는 생각이 나를 고통스럽게 하지만 뒤늦게나마 바보 같은 현실을 알았으니 그나

마 다행이란 생각이 든다. 빨리 현실을 박차고 씩씩하게 나가야
지······.

언제나 그랬듯 '일신, 일일신, 우일신(日新, 日日新, 又日新)' 하는
멋진 내 모습을 다시 한 번 기대해 본다.

알고 보니 나만 모르더라

혼자 잘난 것 같이 살아왔지만
내가 세상에서 얼마나 답답한 놈인지
알고 보니 나만 몰랐더라.

혼자 똑똑한 척은 다하고
자신감 최고인 것 같은 착각에 살았지만
뒤돌아보니 나만 바보였더라.

혼자 가진 것처럼 폼만 잡았다.
그러나 손에 쥔 것은 알량한 소유였다.
알고 보니 가난뱅이였다.

잘난 것, 똑똑한 것, 가진 것
모두 구름 같은 것이다.
내 삶에 중요한 것은
지금 내가 가진 것이 아니라
오늘을 사는 내 발걸음에 묻은
'최선' 만이 최고가 될 수 있음을 배웠다.

성공의 파이가 클수록
더 많은 노력이 필요하다

나무가 클수록 더 많은 영양분이 필요하다.

성공의 파이가 클수록 더 많은 노력이 필요하다.

작은 집을 짓다가 부도나는 사람 못 봤어도 지나친 욕심으로 큰 집을 지으려다 부도나는 사람은 많이 봤다. 아마 이것은 '꿈이 큰 사람은 용서가 돼도, 욕심이 큰 사람은 용서가 되지 않는다' 는 교훈일 듯싶다.

젊었을 때는 똑똑하고, 일을 잘하여 승진, 스카우트 등 타의 추종을 불허하다 중년기에 의욕이 꺾기고 급기야 노년에는 불행을 겪는 사람을 많이 본다.

반면에 젊었을 때는 조용(?)하다가 중년기에 들어서는 자신 있는 표정으로 사람이 달라 보이고, 노년기에는 부와 명예를 누리는 멋쟁이가 있다.

2가지 경우 모두 '하루 비 왔다고 한 달 동안 화초 물 안주는 사람'과 똑같다. 돈도 끊임없이 돌아야 돈이고, 노력(老力)도 늙을 때까지 열심히 일(勞)하라고 노력(勞力)이다. 돈도, 노력도, 인생도, 사랑도 모두 '흐르다 멈추면 썩는다' 는 진리를 이제 알 것 같다.

과대 포장된 나를 반성하며……

아직 철들지도 않았다.

아직 성공하지도 않았다.

아직 걸어온 길보다 걸어갈 길이 많은 사람이다.

그런 사람이…….

철든 체하며 때론 성공한 체하며 세상을 활보한다.

더 낮은 자세로 임해야지…….

더 겸손한 자세로 세상을 살아가야지…….

반성의 시간이 길수록

내 인생은 더 단단해진다.

반성하고 싶다.

요즘 생활이 스스로 생각해도 만족스럽지 못하다.

과대 포장된 허울을 벗자.

그렇게 다시 추스른 마음이

진정 내가 갈 길이요,

진정 나를 찾아가는 마음이다.

성공 프리미엄과 성공 디스카운트

성공에는 2가지 효과가 따른다.

하나는 성공의 프리미엄이다.

또 하나는 성공의 디스카운트다.

일반적으로 프리미엄이라 함은 액면가이나 계약금액 이상으로 지출되는 할증금(割增金)을 일컫는다. 따라서 '성공의 프리미엄' 이란 우리가 성공을 했을 때, 성공 그 이상의 혜택을 말한다. 누구나 원하는 꿈을 이루었을 때 기쁨도 기쁨이려니와 유사한 일이나 한 단계 더 업그레이드된 일을 시도할 경우에 달라붙는 '자신감' 이다. 그 자신감은 곧 매력이다. 매력이 있는 사람은 언제보아도 당당하게 보인다.

또한 '성공의 디스카운트' 란 성공으로 인한 부작용을 말한다.

예컨대 성공에 도취되어 애써 이루어 놓은 노력과 이룬 꿈을 하루아침에 잃어버리는 이른바 '교만' 이라는 것이다. 불상사는 이룸 후에 온다. 따라서 성공을 했을 때 겸손해지려는 노력이 수반되지 않으면 오히려 그 성공으로 하여금 화(禍)를 불러올 수 있음을 알아야 한다.

자고로 인생은 공짜가 없다. 성공이든 실패든 그 이후에는 반드시 무언가 필요한 하나가 온다는 사실을 알아야 하겠다.

성공은 바보다

'바보 사장' 밑에서 '바보 직원'들이 일하고 있다. 오후 내내 사무실에서 설계도면을 봤더니 뒷목이 뻐근하다. 으레 그렇듯 잠시 휴식을 하려면 공장에 나간다. 직원과 농담하는 재미로 사는가 보다. 힘들게 일하고 있는 직원들 곁에 다가가 스킨십 하는 것이 주특기니 주특기를 살릴 수밖에…….

저녁 6시가 되었는데 직원들이 퇴근할 생각을 하지 않는다. 요사이 며칠째 야근을 했는데 오늘도 야근을 하는 모양이다. 참 바보들이다. 일이 없으면 사장한테 왜 일이 없냐고 따지듯 성화를 대며, 결국 일이 많아야 행복해 하니 참으로 바보들이다. 남들은 직원교육이 잘돼서 그렇다고 한다. 그러나 우리 회사는 일 년에 단 한 번의 교육도 하지 않고, 그 흔한 회의도 없다. 야근이나 특근도 사장의 지시에 의해서 일한 적이 한 번도 없다. 회사의 모든 것을 스스로 하는 바보들이 모인 회사다. 그렇다보니 회사에 웃음이 끊이질 않는다. 바보라서 행복하다는 생각뿐이다.

서로를 생각하는 마음, 일과 일터를 사랑하는 마음이 긍정의 효과를 내는 모양이다. 긍정의 효과는 거래처의 두터운 신임과 함께 두려움 없는 강한 중소기업의 원동력이 되는 힘이기도 하다.

우리 회사가 타 업체보다 경쟁력 측면에서 강한 이유는 한마디로 '바보라서 강하다. 바보라서 충직하다'는 것이다.

오늘도 고생하는 직원들을 위해서 내가 앞장서서 더 큰 '바보 CEO'가 되어야지 하는 생각뿐이다.

나, 당신 사랑할래요

나, 당신 사랑할래요.

당신이 세상 그 어디에 숨어 있든,

내 발길 닿지 않는 그 먼 곳으로

홀연히 달아나 버릴지라도…….

나, 당신 사랑할래요.

끝없이 외쳐보는 나의 외침이 한줌의 재가 되고

당신을 찾아 나서는 끝없는 발걸음이

피곤에 지쳐 한숨을 쉬어도

가던 발걸음 멈추지 않을 겁니다.

나, 당신 사랑할래요.

당신 때문에 어린아이처럼 행복했고,

당신 때문에 내 가슴 웃을 수 있어 참 좋았습니다.

그런 내 당신! 내 곁에 있어야지요.

내가 꿈꾸는 행복한 세상,

내가 웃어 세상이 웃기 위해서라도

당신 내 곁에 있어야지요.

사랑해요 그리고 나 당신 사랑할래요.

이천십년 구월 열여드렛 날 출근길에…….

일터를 찾은 또 하나의 행복

언제나 그랬듯 나의 일터는 나의 꿈의 공간이자, 행복 공간입니다.

한날한시도 놓을 수 없는 꿈과 행복을 위해 일터로 향했다.

일요일인지라 아무 생각 없이 그저 내일 있을 〈mbc 경제매거진〉 인터뷰 준비를 하려고 편한 마음으로 회사에 들어섰다.

들어서자마자 때 아닌 철(鐵) 소리가 난다.

또 휴일인데도 직원들이 출근해서 일하고 있나 보다.

하여간 이 불황에…….

일요일에도 일할 게 있고, 또한 일요일에 스스로 땀 흘리는 사람들이 있다.

그 회사가 우리 회사요, 그 사람들이 바로 나의 사랑스런 직원들이다.

그렇다. 이제껏 그래왔듯 나는 직원들 때문에 놀 수가 없다.

그들은 언제나 열심히 일하는 모습을 통하여 나의 열정이 식지 않게 하였고, 누가 먼저라고 할 것 없는 충성심으로 나에게 희망과 용기를 주곤 했다.

애써 살아가려는 부지런한 직원들의 모습들…….

나는 그 속에서 일을 하고, 내일의 꿈을 펼칠 수 있다는 게 너무나 행복하다.

회사에 대한 열정과 애정의 바이러스가 급속히 빨리 전염되는 회사, 서로의 소중한 꿈과 희망이 살아 꿈틀거리는 회사, 내가 그 중심에 자리하고 있다는 사실이 너무나 행복하게 느껴진다.

'꿈의 공간', '행복 공간' 이 마냥 좋은 이유가 바로 이 때문이다.

호사다마(好事多魔)가 주는 교훈

　호사다마(好事多魔)라는 말은 '좋은 일에는 탈이 많다' 라는 뜻으로, 좋은 일에는 방해가 많이 따른다거나 좋은 일이 실현되기 위해서는 많은 풍파를 겪어야 한다는 것을 비유하는 고사성어일 게다. 어제 WBC 야구 결승 한국과 일본전에서도 보았듯이 3 : 2로 지고 있다가 9회 말 천금 같은 안타로 3 : 3 동점을 만들었다. 하지만 10회 초 다시 2점을 내주고 준우승에 만족해야 했다. 아쉽다. 하지만 비록 우승은 못하였더라도 한국 선수들이 보여준 투지와 이기겠다는 정신력은 박수 받아 마땅하다는 생각이 된다.

　감독 그리고 코칭스태프를 비롯한 선수들, 10가지 다 잘했다. 하지만 4년 후를 위해서는 호사다마의 교훈을 곱씹지 않으면 안 될 것이다. 그것은 동점 후에 쓴 약을 주지 않은 코칭스태프에게 문제가 있다고 생각한다.

　'세상사는 순식간에 또 즐거움이 다하고 슬픈 일이 생긴다' 는 교훈을 모두가 흥분되어 있을 때 차분히 가라앉히는 그 일을 빠뜨린 것이다. 결과론적인 이야기다. 그렇지만 그동안 감독은 피를 토하고, 선수들은 부상을 감내하면서 고생했기에 아쉬움이 커서 이야기하는 것이다.

　인생도 마찬가지다. 좋은 일이 있으면 슬픈 일이 있고, 슬픈 일이 있으면 반드시 좋은 일도 온다. 좋다고 너무 깔깔댈 필요도 없고, 슬프다고 고통스러워할 필요도 없다. 세상사 희로애락의 연속적인 순환인 것을…….

단지 리더로서 알아야 할 일은 희로애락의 순간순간마다 쓴 약 단약을 골라 먹을 줄 알고, 다음에 도래될 일을 한 발 앞서 생각하는 선견지명이 있어야 한다는 사실을 한번쯤 염두에 둘 필요가 있지 않을까 하는 생각을 해본다.

"참으로 이른바 좋은 시기는 얻기 어렵고, 좋은 일을 이루려면 많은 풍파를 겪어야 한다는 것이다(眞所謂佳期難得, 好事多磨)"라는 구절이 생각나는 하루인 듯싶다.

좁은 길로 가라

평탄하고 넓은 길을 선호하지 마라.

우선은 편할지 몰라도 나중은 힘든 때가 온다.

성공하고 싶거든 좁은 길로 가라.

더 크게 성공하고 싶거든 더 좁은 길로 가라.

성공은 고난을 먹고 자란다.

성공은 실패를 먹고 자란다.

성공은 평탄한 길이나 넓고도 편한 길로 다가오지 않는다.

작고, 험난한 좁은 길로 다가오는 법이다.

꺼져가는 촛불을 들고 동굴을 탐험하듯 좁은 길, 험한 길에서 애써 노력하는 습관을 들여라.

어두움을 밝히는 열정의 땀방울이 너의 이마에 송송 맺힐 때 성공은 빼꼼히 얼굴을 보여준다.

성공하고 싶거든 좁은 길로 가라.

기업은 계곡물과 같다

기업은 계곡물과 같다.

첫째는 흘러야 한다는 것이다. 무엇이든지 고이거나 정체되면 썩는다. 그래서 굽이굽이 흘러야 한다. 물길을 만드는 것은 자유다.

둘째는 맑아야 한다. 흙탕물을 보낼 수는 없다. 맑은 물을 흘려보내는 것이 기업의 할 일이다. 녹색경영, 투명경영, 윤리경영으로 바른 길을 걸어야 한다.

셋째는 마르지 않도록 더 많은 물을 창출해야 한다. 아무리 깨끗한 물을 흘려보내려 해도 물이 적으면 마르게 된다. 따라서 마르지 않기 위해서는 물을 더 많이 창출해야 한다. 큰 계곡을 만들고 큰물줄기를 만드는 노력이 선행될 때 물은 마르지 않고 10년, 20년 도도하게 흘러갈 수 있다.

깨끗한 물 그리고 맑은 물을 더 많이 강으로, 바다로 흘려보내려는 욕심, 그것이야말로 기업가 그리고 기업 구성원이 가져야 할 덕목이 아닐까 싶다.

'두려움' 이란 단어를 네게 멀리하라

심약한 자에게 다가서는 두려움이란 공포의 대상이지만, 그러나 열심히 일하는 자에게 다가오는 두려움이란 한 없이 나약한 존재일 뿐이다. 자고로 열심히 일하는 사람은 두려움을 모른다. 어찌 보면 그들은 두려움의 끝에 눌러 앉아 일을 하고 있는 것이다.

'두려움' 이란 단어를 네게 멀리하라.

두려움이란 자신감 앞에서는 한낱 나약한 존재일 뿐이다.

자신감은 꿈이 있을 때 강력한 힘을 발휘한다.

은은한 장작불을 오래 태우다 보면 가마솥은 끓게 되어 있다.

가마솥 뚜껑을 열어보지 마라. 열심히 불 지피다 보면 나도 모르게 김이 모락모락 피어나듯, 하는 일 열심히 하다보면 성공의 김은 모락모락 피어나게 되어 있다.

급한 불로 진국을 우려낼 수 없다

오랫동안 푹 고아서 걸쭉하게 된 국물을 일컬어 우리는 흔히 진국이란 말을 쓴다.

또한 사람이 거짓이 없고 참된 사람을 진국이라 표현한다. 하여튼 먹는데 진국이면 좋고, 사람 만나는데 진국이면 더할 나위 없이 좋다.

우선 맛있는 국물, 진국을 먹으려면 은은한 불로 오래 끓여야 진국을 만들 수 있다. 진국을 먹고 싶다고 급한 불로 진국을 우려낼 수 없다.

음식도 참는 정성이 오래도록 들여져야 제 맛을 낸다. 하물며 인생의 진국이 되기 위해서는 더 많이 참고, 인내하며 정성들이는 시간이 필요하다.

어설픈 땔감으로 대충 불 지펴서 맛있는 음식을 만들려는 마음은 도둑심보다.

그렇듯 인생도 어설픈 재주로 단시간 내에 무언가 뜻한 바를 이뤄내려고 하는 것은 사기다. 너무 표현이 심한 말인지 모르겠다.

속담에 '십 년 적공이면 한 가지 성공을 한다' 는 말이 있듯이 무슨 일이든지 오랫동안 꾸준히 노력하는 마음이 뒷받침되지 않으면 내가 원하는 성공은 그저 하늘에 떠있는 뜬구름과 같다. 적어도 뜻한 바를 이루려면 적어도 10년의 내공은 필수요, 몇 번의 실패는 선택이란 사실을 잊어서는 안 되겠다.

내 인생에 가장 훌륭한 스승은 바로 '나'다

성공을 하게 되면 '존경하는 인물이 누구인가' 하는 질문을 많이 받는다.

정진석 추기경님께서도 예외는 아니다. 추기경님께서는 그 질문이 나올 때마다 "신은 모든 곳에 존재할 수 없어 어머니를 만들었다"는 외국의 격언을 말씀하시며 "나의 삶에 가장 큰 영향을 주신 분은 바로 어머니가 내 인생의 가장 훌륭한 스승이다"라고 주저 없이 말씀하시는 것을 들었다.

또한 〈죽은 시인의 사회〉라는 영화에서 주인공이 외친 "captain oh my captain"이란 한마디에서 누구나 '내게도 그런 스승이 있었으면……' 하고 자신의 인생을 깊이 성찰하게 해주는 영화였던 것 같다. 내게 있어 자유라는 것이 무엇인지, 꿈이라는 것이 무엇인지를 곰곰이 생각하기에 좋은 영화이고, 스승에 대한 무한한 기대와 함께 떨리는 설렘까지 안겨준 영화이기에 지금도 나는 그 영화를 잊지 못하는 것 같다.

이렇듯 우리는 '스승'이라는 큰 울타리 속에서 존경과 가르침을 받고 또한 참 스승을 찾기 위해 노력하며 살아간다. 한편으로는 이해가 가지만, 다른 한편으로는 자신의 나약함을 스승을 통하여 상쇄하려는 심리적인 요인도 작용하는 것 같아 때로는 씁쓸하다. 스승님께서 들으면 서운하시겠지만 나는 내 인생에 가장 훌륭한 스승은 바로 '나'라고 말하고 싶다. 이는 나야말로 나를 강하게 채찍질할 사람도 '나'요, 나를 강하게 훈계할 사람도 바로 '나'이기 때문이다. 진정으로 나를 24시간 감시(?)하고 나를 향해 거침없이 쓴 소리를 해줄 사람이 필요하다. 그 사람이 다름 아닌 바로 '나'란 사실이다.

오늘도 말없는 스승인 나 자신을 뒤돌아본다. 나를 믿고, 나를 위로하며 한 발 한 발 노력을 더해 전진할 때 '세상은 나를 향해 길을 비켜주리라'는 희망을 가져본다. 절로 콧노래가 나온다.

인생이란 음식에는 선(善)만 담아선 아니 된다

인천에서 산다는 것이 행복하다. 인천에 살면서 많은 행복감이 있지만 그 중 하나는 바다를 볼 수 있고, 저녁이면 석양노을을 바라보며 하루를 기쁘게 보낼 수 있는 환경에서 살고 있다는 것이다. 기쁘게 보낸 하루는 다음날 아침 더 나은 기쁜 하루로 변하여 부스스 내 앞에 눈을 뜬다. 날마다 그렇게 주어지는 하루……. 내게는 선물과도 같다.

군산에서 태어나 일찍이 바다를 보며 자랐고, 성년이 되어서는 인천에서 살았기에 남보다 더 많이 드넓은 바다를 보는 행운을 누리며 살아왔다.

어려서는 파도가 무서웠다. 어머님 손에 이끌려 방파제에 나가 바다를 보고 있노라면 삼킬 듯 달려드는 파도가 너무 무섭게 느껴졌다. 그러나 지금은 '파도가 있어야 바닷물이 정화된다' 는 사실을 아는 나이가 되어 버렸으니 세월 참 빠르다는 느낌을 지울 수가 없다. 바다를 볼 때마다 '바다는 변하지 않았는데 내 모습은 많이 변했구나' 함을 느낀다.

나는 바다를 볼 때마다 고마운 생각이 든다. 저 바다가 좋은 것만 받아들이는 이기심이 있었으면 이 지구가 어찌 되었을까 하는 생각을 하면 자못 끔찍하다. 흙탕물, 오염된 물이 흘러도 말없이 받아들여 쉼 없이 정화를 하는 모습을 본다. 자신을 뒤돌아본다. 반성을 한다. 좋은 것만 먹고, 좋은 것만 받아들이고, 좋은 사람만 만나고……. 오직 좋은 것만 추구하는 이기적인 마음을 버리고 살아야겠다는 생각을 해본다. 어릴 적 바다는 꿈을 주었지만 지금의 바다는 나에게 할 일을 안겨주는 듯하다.

고마운 바다 이제부터 바다를 닮아가는 연습을 게을리 하지 말아야지…….

요즈음 '독선기신(獨善其身)' 이라고 혼자만 잘나고 혼자만 똑똑한 듯 설치는 사람이 많은 세상이다. 더불어 살아가는 아름다운 세상, 온정이 살아있는 따뜻한 세상을 꿈꿔본다. 아무리 바빠도 한번쯤 바다를 보며 '인생이란 음식에는 선(善)만 담아선 아니 된다' 는 생각을 했으면…….

옥동자 보고 싶다고 산모 보채지 마라

좀 늦게 가는 것도 나쁘지 않다.

거목(巨木)은 백 년, 천 년 더디게 자라지만, 마디마디 굳건함과 풍성함이 따를 것이 없는 것처럼 세월을 두고 세월의 무게가 더해져야 인생도 제 맛이 나는 법이다.

– 고환택의 《철든 놈이 성공한다》에서

요즘 세상 돌아가는 것을 보면 모두가 한결같이 급하다는 인상을 지울 수 없다.

국가정책을 보아도 그러하거니와 일반 기업들조차 단기간에 성과를 내려고 안달이다. 세상에 성급한 것으로 이룰 거라곤 아무것도 없다. 무슨 일이든 빨리 이루려는 마음이 오히려 화(禍)를 불러들이는 결과만 초래하게 된다.

마치 결혼도 안한 사람에게 옥동자를 낳아 달라고 부탁하는 것이나 다름없다.

어찌된 일인지 대통령부터 나서서 '임신증명서'를 운운하는 웃지 못 할 이야기를 하는 세상이 되어 버렸으니 조급함이라는 것이 얼마나 무서운 병인지 알 것 같다.

옥동자를 보려거든 280일을 기다려야 한다. 칠삭둥이, 팔삭둥이를 낳기 원하지 않는다면 10달을 조용히 태교에 신경 써야 한다. 때가 되면 새 생명이 잉태하는 것처럼, 성공 또한 적어도 3년, 5년, 더 나아가 10년을 애써 묵묵히 참고 정진하다보면 오는 것이지 보챈다고 오는 성공은 아니란 사실을 알아야 하겠다.

나의 매력은 존재감이다

존재감이 있어야 한다. 있으나 마나한 인생은 슬프다.

존재감이란? 사람, 사물, 느낌 따위가 실제로 있다고 생각하는 느낌을 일컫는 말이다. 내가 어느 자리에 실제로 있다고 생각하는 느낌이 든다는 것은 내가 조직에 '꼭 필요한 사람' 이란 뜻이다.

조직에 꼭 필요한 사람이 되어라. 그리하려면 존재감이 있어야 한다.

어느 조직을 보더라도 존재감 있는 사람이 많은 조직이 승리한다.

얼마 전 요미우리 자이언트의 하라 감독은 이승엽의 플레이를 보고 '존재감 있는 플레이' 를 했다며 이승엽을 극찬했다.

맨체스터 유나이티드의 박지성의 존재감 또한 남다르다.

우리는 이승엽과 박지성의 실력과 존재감에서 보듯이 한번쯤 그들이 그동안 노력해 온 그들의 뒷모습을 볼 수 있어야 한다. 존재감이 있기까지 그들은 많은 시련과 좌절 속에서 강한 내성을 길러왔다.

그들은 많은 경험을 통해 단단해져 왔다. 그들이 체험한 쓰라린 경험들은 개인의 경험이 아니라 우리 사회의 경험이 된 것이라는 생각이 든다. 이처럼 한 사람의 어려운 경험은 그 사람의 성공 반경을 뛰어 넘어 많은 후배 선수들에게 선배들의 경기를 보고 꿈을 키워주는 역할을 한다. 또한 그들을 응원하는 팬들의 수준을 올려

준다는 것이다. 한국이 아닌 일본을 보고, 유럽축구 EPL을 볼 수 있게 만들어준 것이다. 그래서 한 사람의 존재감은 자신의 성공을 떠나 사회의 유익을 창출하는 것이다.

내가 지금 어디에 서 있는지?

내가 소속되어 있는 단체나 조직에 존재감은 있는지?

나를 재점검하는 시간을 갖는 것이 나 자신과 사회의 유익을 위한 길이라는 것을 명심해야 한다.

세상에 나의 존재를 알리자

"할 수 있는 사람 손들어……!"

손을 들까 말까 망설이다 보면 어느 틈에 누군가 발표를 하곤 했다. 중·고등학교 시절은 나에게 있어 참으로 숫기가 없었던 것 같다. 나의 생각이나 나의 지식을 발표하는 용기가 부족했었다. 숫기 없는 소심한 나를 변화시킨 계기는 군대였다. 예전에 생각하지도 못했던 소심이가 다행이 군대에 가서 그 나쁜 버릇이 싹 고쳐졌으니 말이다.

군대는 나에게 많은 변화를 가져다주었다. 무엇보다도 인생에 자신감을 심어준 부분에 대해서는 지금도 군대가 너무 고맙게 느껴진다. 웅변을 통하여 자신감을 심어주었고, 〈전우신문〉 덕에 글 쓰는 재미를 알게 하였다. 또한 책과 친해지면서 가치관과 인생관을 정립하는 계기가 되었으며, 틈나는 대로 한 운동은 지금도 건강하게 일할 수 있는 몸과 마음을 만들어 준 듯하다. 논산훈련소 입대할 때와 육군 병장 달고 당당히(?) 제대할 때 변화된 모습은 지금 생각해도 뿌듯하기만 하다.

군대에서 배운 자신감과 용기는 지금도 유효하게 남아 있는 듯하다. 매사에 자신감과 열정이 살아 숨 쉬니 너무 좋다. 이처럼 자신의 당당한 모습을 세상에 자신 있게 알린다는 것 자체가 의미 있고 중요한 일인 듯싶다. 무엇이 두려운가! 나의 존재, 나의 모습 그리고 다가올 미래의 나의 모습을 세상에 당당히 알리는 것, 이것은 자랑이 아니라 인생의 자신감이요, 나아가 자신이 열심히 하겠다는 스스로의 다짐이다. 내가 열심히 사는 이유도, 열심히 배우는 이유도 다 그 때문이다.

'고목도 예쁜 모습으로 세상에 자신을 알릴 때 가치를 발한다' 는 생각이 새삼 떠오르는 하루다.

혹하지 마라, '혹' 붙는다

세상을 살다보면 좋은 사람도 있고, 나쁜 사람도 있다. 살다보면 사람 잘못 만나 어려움을 겪는 사람들을 간혹 보곤 한다. 그래서 그런지 나는 사람을 만날 때면 대학원 다닐 때 만났던 소중한 한 분을 마음에 그리곤 한다. 건설 회사를 단단히 키워놓으신 방창덕 사장님! 언제나 나를 친동생처럼 아껴주시고 항상 따뜻한 격려의 말씀을 전해주시는 사장님의 잔잔한 말씀이 살아오면서 지금까지 어려움을 극복하고 온전히 재기를 하는 데 많은 도움이 되었다.

건설업으로 기반을 단단히 잡으신 분인지라 사업을 하는 나로서는 그분의 말씀은 언제 들어도 귀감이 되곤 했다. 숱한 우여곡절을 겪으면서도 그때그때 슬기롭게 극복한 일, 주변 사람 때문에 마음고생한 일……. 잔잔하게 말씀을 하셔도 조용히 듣다보면 그분의 뚝심과 경영 철학은 마치 깊게 우러난 설렁탕 국물처럼 그분만의 훌륭한 인격이 진하게 배어 나온다. 언제 들어도 마음에 새겨진다. 종종 말씀을 들을 때면 '아! 저게 바로 그토록 알뜰한 회사를 경영하시는 분의 노하우구나' 하는 생각이 들게 한다. 오랜 세월을 잘 이겨내며 단단한 회사로 만드는 힘……. 만날 때마다 존경스럽고 배울 게 많아 시간이 허락하는 대로 좀 더 많은 시간을 함께하고 싶지만 요즘은 그렇지 못한지라 아쉬움이 많다.

한번은 사장님과 커피숍에서 차 한 잔 나눌 기회가 있었다. 말씀 도중에 난데없는 질문 하나를 하셨다.

"고 사장! 어떤 사람이 좋은 사람이야?" 뜻밖에 질문에, "예?……" 하며 아무 말을 하지 못했다. 왜 물어보시는지 의도를 몰랐기에 답을 얘기하지 못했다. 잠시 후 숱한 세월을 성공으로 이겨낸 주름을 보이며 편한 미소로 말씀하신다. "허허허~. 모르겠어? 별거 아냐……. 나한테 나쁘게 안하는 사람, 바로 그 사람이 좋은 사람이야……"라고 말씀하신다.

지금도 그 말씀이 귓전에 맴돌며 문득 떠오른다. 그렇다. 살다보면 무수히 많은 사람들을 만난다. 그런 만남 중에 고마우신 분들은 많아도 진정 나에게 나쁘게 하는 사람이 없으니 이 또한 얼마나 행복한가! 오늘따라 방창덕 사장님 생각이 많이 난다.

사람을 만날 때 혹하지 마라. 혹 하다가는 '혹' 붙는다.

리더십에 의한 상생과 협력

요즈음, 아니 오래 전부터 '상생과 협력'이 큰 이슈로 떠오르고 있다. 떠들썩하게 외치는 소리는 요란한데, 상생과 협력의 시대인 요즘 우리 사회에 상생과 협력의 프로세스가 잘 작동이 되지 않고 있다는 생각이 많이 든다. 참으로 아쉬운 일이다.

아마도 이 사회에 '상생과 협력이 주는 행복의 의미를 잘 몰라서 그런 거 아닌가' 하는 생각이 많이 든다. 국가나 사회가 성장, 발전하고, 나아가 기업이나 조직이 경쟁력 있는 강한 조직으로 활성화되려면 이는 '상생과 협력'을 통해서 조직과 구성원들의 꿈을 엮어주는 순기능이 있어야 한다. 그것이 리더의 몫이다.

조직이 도태되지 않으려면 상생과 협력을 통해 서로가 윈-윈(win-win)할 수 있는 공통분모를 찾아야 한다. 이 역시 리더의 몫이다. 대통령이 국민을 탓하고, 시장이 시민을 탓하고, 사장이 직원을 탓하는 옳지 못한 풍조는 추방되어야 한다.

탓을 하려면 자신의 리더십부터 먼저 탓해야 한다. 혼자서 가기는 힘들다. 그렇기에 구성원들의 행복 공통분모가 무엇인지 고민하고 다가가는 게 리더의 할 일이다.

단체 줄넘기를 하듯 팀장의 호루라기 소리에 맞춰 줄넘기 줄을 돌리는 사람 그리고 안에서 뛰는 사람, 모두가 원하는 꿈이 같아야 한다.

마음이 하나 되고 승리를 하고자 하는 꿈이 같아야 원하는 결과를 얻을 수 있다. 좋은 결과를 얻으려면 호루라기 소리도 더 크게 불어야 한다. 줄을 돌리는 사람은 정확한 리듬에 맞춰 최대한 회전반경을 크게 돌려주어야 한다. 안에서 뛰는 사람들은 모두 한마음이 되어 정신을 바짝 차리고 뛰어야 한다. 구성원 모두가 각각 자신의 몫을 다하고자 정성을 들일 때 승리할 수 있다.

상생과 협력은 리더의 리더십에 달려있다. 오늘날과 같은 치열한 경쟁사회에서 이길 수 있는 첫 단추가 바로 리더십이다. 리더십만이 상생과 협력을 끌어낼 수 있다. 서로 윈-윈(win-win)하느냐, 못하느냐도 리더십에 달려있다.

구성원들이 모두 내 맘이거나 내 맘이길 바란다면 그 리더는 할 일이 없어진다.

할 일이 없어진 리더는 이미 존재가치가 없어진 패배한 리더다. 구성원 모두가 내 마음 같지 않을 때 리더의 눈동자가 빛나는 이유도 그 때문이다.

진정한 리더는 브레이크 잡는 사람이다

"여유(餘裕)가 없는 사람은 마치 브레이크 없는 열차와 같다."

국어사전에 보면 여유(餘裕)란? "물질적·공간적·시간적으로 넉넉하여 남음이 있는 상태. 느긋하고 차분하게 생각하거나 행동하는 마음의 상태. 또는 대범하고 너그럽게 일을 처리하는 마음의 상태를 말한다"라고 쓰여 있다.

누구나 다 아는 이야기다. 그러나 현실에서는 여유보다 조급증이 앞서는 것이 우리들의 자화상이 아닌가 하는 생각을 해본다.

또한 최복현 님은 《여유》라는 책에서 "여유를 찾는 것은 삶의 과속 또는 지나친 저속 상태에서 벗어나 삶의 경제속도를 되찾는 일이다"라고 정의하였다.

너무나 공감이 가는 문구였다. 그동안 바쁘다는 핑계로 우왕좌왕 하며 한번쯤 '자신의 길을 돌아다봄도 없이 너무 과속하지 않았나' 하는 느낌도 들었고…….

'한번쯤 삶의 속도를 늦출 필요도 있었을 법한데 그리하지를 못한 것 같다' 는 반성도 겸하게 되었다. 그러나 지난날을 돌이켜 보면 천만다행인 것이 있다.

지금껏 내 인생에 브레이크를 밟지 않았어도 회사도 가정도 무탈하니 그저 감사할 뿐이다. 뒤늦게 깨달았으니 이제부터 브레이크 잡는 연습도 해야겠다.

　리더는 구성원의 과속을 방지하고, 너무 앞서 조급하게 가려는 마음에 제동을 걸어야 한다. 성공에 대한 집착과 욕망을 조정할 필요가 있다. 원하는 성과에 집착하다 보면 더 큰 것을 잃을 수 있다. 이를 조정하는 게 리더라고 생각한다.

태산보다 높은 산이 네 마음의 산이다

'태산이 높다 한들 하늘아래 뫼이로다.' 우리가 목표한 길을 걷다보면 우리의 길을 막아서는 산이 있다. 신은 인간에게 평탄한 삶을 선물하지 않았다. 길을 걷다 산이 있으면 산을 둘러가든지 아니면 산등성이를 타고 올라 가로막힌 산을 타고 넘을 수밖에 없다.

이것이 인생이다. 목표한 길을 가는 데에는 이처럼 많은 장애물들이 도처에 많이 도사리고 있다. 그러나 가던 길을 포기할 수 없다. 마치 허들 경기하듯이 장애물을 뛰고 또 뛰어 넘으며 목표한 길을 가야한다.

역경이 있어 인생이 아름답고, 고난이 있어 인생은 살맛이 나는 법이다.

고난의 강을 건너보지 못한 자가 어찌 성취의 달콤함을 알겠는가!

살면서 내 앞에 역경과 고난이 닥치거든 이는 신이 준 선물로 여겨라.

세상살이 어떠한 역경이나 고난보다 더 무서운 적이 있다. 그것은 바로 내 마음의 산이다. 아무리 높은 산이 내 앞을 가로막아도 내 마음에 희망만 있다면 그것은 전혀 문제가 되지 않는다. 단지 두려워할 것은 내 마음에 있는 '절망의 산'이다. 절망의 산이 내 앞을 가로막으면 나는 더 이상 전진하지 못하고 가던 길을 포기하고 만다.

얼마 전 개그콘서트에 나오는 '워~워~워……' 란 프로그램이 생각난다.

"내 마음 어두 워~~~. 내 마음 외로 워~~~. My name is J. M.~~~. 내 이름은 절망~~~. 워~워~워……."

내 마음에 부정적인 생각을 걷어내지 못할 바엔 차라리 쉬는 게 낫다.

이 세상은 희망을 가진 자들의 경주장이기 때문이다.

회사 가기 싫어 여행이라도 떠나고 싶다

10년을 한결같이 인천에 발을 붙이고 있는 이상 회사에 출근하지 않은 날이 없었던 것 같다. 어찌 보면 병적이다. 하지만 그런 내가 자랑스럽다. 감사하게 여겨진다.

짧지 않은 10년 세월 동안을 아프지도 않았고 집안일도 없었기에 가능했다.

모두 그렇게 해준 와이프와 두 아들 녀석에게 감사해야 할 일들이다.

만 10년……. 재기(再起)의 세월(歲月), 그저 감사할 뿐이다.

나에게는 지친 피로 탓일까? 아직 내일의 목표를 설정하지 못했다.

지금은 이룸에 대한 샴페인을 터트리기보다는 휴식이 필요한 시간인 듯싶다.

아무 생각 없이 드러눕고 싶다.

여행이라도 멀리 떠나 그동안의 일도 잊고 싶다.

새로운 계획, 새로운 꿈도 다시 꾸고 싶다.

때로는 '너! 너무 작게
서 있지 않니?' 묻곤 한다

일주일 내내 바쁜 회사 일 그리고 특강, 힘겨운 시간을 보냈다.

정말이지 많이 힘들었나 보다.

그래서 그런지 오늘은 내 몸에서 '좀 쉬라' 는 신호가 왔다.

그럼에도 불구하고 핸들은 회사를 향하고 있었다.

회사를 도착하기 전 작업 상태를 확인하고자 공단 외주처 몇 군데를 들러 보았다. 일요일이라서 공단이 조용하다. 그런데 불경기는 불경기인 모양이다. 잠시 돌아봤는데도 벌써 몇몇 회사의 간판이 새로운 회사로 바꾸어져 있었다. 한편으론 불황을 극복하지 못하고 간판 내린 회사에 대한 안타까움과 다른 한편으론 그동안 더 욕심 부리지 않은 자신을 탓하고 있었다.

'너! 너무 안일하게 너무 작게 서 있지 않니?' 하고 말이다.

사실 회사를 키울 욕심을 더 부려보고 싶었지만 IMF의 쓰라림이 나를 작게 만들다 보니 내실에만 너무 치우친 감이 없지 않다. 아니 많다. 그러다 보니 때로는 '내가 겁쟁이인가?' 하는 생각도 하게 된다. 그래서 이제는 말한다. 정작 IMF 이후 10년을 불명불비(不鳴不飛)했기에 이젠 '좀 더 욕심을 낼 때가 아닌가!' 하고 말이다.

일요일 날 출근하면서 느낀 '작은 나' 에 대한 새로운 고민이 나를 설레게 한다. 사업가의 작은 가슴을 요동치게 한다.

미래 경쟁력을 가져라

3월의 첫날이다.

삼일절이자 3월의 첫날……. 하필이면 일요일이다.

중복 휴일임에도 우리 직원들은 아랑곳없다. 대기업 납품일자를 맞추려고 많은 직원들이 나와 있다. 사실 나는 정말 행복한 사장이다. 이제껏 납품일자에 쫓겨 사장인 나 스스로 야근 또는 특근을 시켜본 적이 없다. 우리 회사는 임원, 관리직 그리고 생산직 직원 모두 임금체계가 동일하다. 야근이나 특근을 해도 추가로 수당이나 급여가 더 나가지 않는다. 모두가 연봉제 사원들이다. 그러나 모두 한마음 한뜻으로 야근이며, 특근을 서로 먼저 하려 애를 쓰고 모든 일을 스스로 알아서 한다.

이 얼마나 행복한 사장인가!

나 역시 직원들 고생하는 곳에 특별한 일이 없는 한 꼭 함께하려 애를 쓴다.

오늘은 큰 아이 미국 유학 떠나는 날인데도 일하는 직원들이 있기에 회사에 나왔다.

회사에 나와 보니 3월 출근카드가 없다. 직원 캐비닛을 뒤져 카드에 직원 이름을 한 명 한 명 써내려갔다. 여직원이 월말 정산한다고 미처 준비하지 않았나 보다.

오히려 써내려가는 마음이 즐겁다. 달력도 한 장씩 3월로 바꿨다. 모두 새롭다.

다른 회사보다 하루 먼저 스타트한다는 생각에 기분이 좋다. 열심히 하려는 직원들 그리고 많은 사장들 속에서 제일 부지런한 사장이 되려는 나의 마음이 있는 한 우리 회사는 어떠한 어려움도 어떠한 불황도 이겨낼 힘이 있다고 자부하는 이 시간, 3월의 태양도 더 따뜻하게 우리 회사를 비추어주는 듯하다.

회사를 위해 사장은 사장대로, 직원은 직원대로 서로가 더 애쓰려는 마음이 있는 한 우리 회사는 미래 경쟁력 있는 회사가 될 것이라는 확신이 나를 즐겁게 한다.

나에게 고맙다는 말 하지 마라

한 달에 한 번 만족은 못하지만 그래도 즐거운 봉급날이 돌아온다.

5일, 오늘은 봉급날이다. 한 직원이 월급봉투를 받아들고 씩 웃으며 "고맙습니다!" 인사를 한다. 갑자기 하는 직원의 인사에 겸연쩍은 나는 "응……. 응, 그래 고생 많았다" 하며 등을 톡톡 치며 인사를 받았다. 사장으로서 봉급날 인사를 받을 때가 가장 보람이 있다.

잠시 시간이 흐른 뒤 기분 좋게 나가는 직원의 뒷모습을 보며 무엇인가 상념에 잠겼다. 그리고 속으로 말했다.

'나한테 고맙다는 말 하지 마라.'

'진정 우리가 고맙다고 인사할 사람은 우리의 고객들이다.'

돈을 주는 사장에게 고맙다고 할 게 아니고 진정 우리가 고맙다고 백 번, 천 번 인사할 사람은 바로 고객들이다. 고맙다고 인사하는 직원 덕분에 고객에 대한 감사한 마음을 한 번 더 다지고 다지는 계기가 된 것 같다.

내 눈에게, 내 손에게 고맙다고 말했다

언제부터인가 내 몸을 혹사시키는 나쁜 습관이 있었다.

연일 업무에 지쳐 하루쯤 쉬려해도 나쁜 습관이 몸에 배어 쉬어 가는 일을 잊어버렸다.

참 바보같이 살아온 것 같다.

나이 50 먹고 처음으로 종합검진을 받았고 어제는 검사 결과가 나왔다.

모든 게 정상이란다.

너무도 감사하다는 생각을 했다.

그리고는 아무 생각 없이 거울 앞에 섰다.

손아, 고생했다.

발아, 고생했다.

눈아, 고생했다.

코야, 고생했다.

입아, 고생했다.

귀야, 고생했다.

머리야, 가슴아, 정말 고맙구나.

내 신체 각 부위를 어루만지며 그동안 '고생했다. 그동안 참아줘 고맙다' 며 위로를 했다.

내 공은 앞으로 날아간다

골프는 이미 대중화된 지 오래인 듯싶다.

좋은 사람들 그리고 싱그러운 자연과 함께 어우러지는 골프는 일에 활력을 넘어 열정으로 가득 차게 해주는 묘미가 있다. 때로는 마음대로 되지 않아 짜증이 날 때도 있지만 인생의 굴곡처럼 골프 또한 그러하니 나도 모르게 골프의 매력에 빠질 수밖에……

골프를 치다보면 자연과 교감하고, 스스로의 마음을 다스리는 법을 배운다.

운동을 하면 승부욕이 강하게 발동하는 나는 그놈의 욕심 때문에, 그 승부욕 때문에 OB와 친숙해질 때가 많다. 그래도 좋다. 18홀을 돌다보면 기분 좋은 샷, 바보 같은 샷의 연속이다.

마치 희로애락의 수련장 같다는 느낌을 지울 수 없다. 골프 칠 때는 야명조(夜鳴鳥)처럼 후회하지 말고 틈나는 대로 연습을 더 해야지 하면서도 끝나고 돌아오면 클럽은 트렁크에서 잠자기 일쑤다.

마음먹은 대로 되지 않는 게 골프다. 어제 다르고 오늘 다르니……. 하지만 이제는 즐기는 방법을 안다. 인생이 그렇듯 골프도 멘탈이다. 자신 스스로를 다스려야 만이 공도 다스릴 수 있다. 자신을 다스리고, 연습을 통한 자신감이 있어야 사업도, 골프도 잘 할 수 있다. 내 공을 힘차게 앞으로 날려 보내는 연습은 비단 골프뿐만 아니라 일도, 배움도, 사랑도 모두 마찬가지인 듯싶다.

'내 공은 앞으로 날아간다.'

이처럼 정체하지 않고 자신의 삶을 앞으로 보내는 연습이 '성공의 학습' 이란 생각이 든다.

'똔똔이' 만 되었으면 하던 내 소원

'똔똔이' 란?

알다시피 똔똔(とんとん), 즉 '본전치기' 의 일본어다.

이 단어가 내 가슴을 후비고 지나간다.

문득 지난시절이 생각난다.

거슬러 올라가 10년 전 IMF 때의 일이다.

연쇄부도의 폭풍이 휩쓸고 간 나의 일터에는 때 아닌 찬바람만 불었다.

좋은 내 공장을 빼앗기고 낡은 임대공장에 들어와서 일하던 그 시절……. 간절했던 내 소원은 '똔똔이' 였다. 있는 것 다 빼앗아 갔으니 제발 원점에서 다시 시작할 기회를 달라고 내 가슴으로 절규하며 비는 나의 소원이었다.

지금 얘기하면 사람들은 그게 무슨 말인지 꺄우뚱할 거지만 가진 것 아무것도 없는 빈손, 다시 말하면 똔똔이, 즉 부채도 없고, 현금이나 부동산 등 자산(資産)을 가진 것이 아무것도 없는 상태로 돌아갔으면 하는 게 나의 소원이었다.

지금 생각해보면 그때의 소원은 한 가정의 가장으로서, 한 회사의 사장으로서 내 가족을 지키고, 내 직원을 지키는 유일한 희망의 몸부림이었고, 그 간절한 소망 덕분에 지금은 이렇게 활짝 웃는 '철든 남자' 가 되어버린 듯하다.

계약서 들고 원자재상을 찾았다

처녀작 《철든 놈이 성공한다》를 출간하고 며칠이 지나자 여기저기서 인터뷰 요청이 쇄도했다. 처음인지라 낯설고 어색했지만 나의 경험을 많은 사람들에게 소개한다는 자부심이 있었다. 몇 번의 인터뷰가 있었지만 그 중에 기억에 남는 일이 있다.

정동 길에 있는 조용한 카페에서 〈레이디경향〉과 인터뷰한 이야기다. 인터뷰를 하고 있는데 기자로부터 갑자기 "재기하면서 어떻게 돈 한 푼 없이 공사를 할 수 있었느냐?"는 질문이 들어왔다. "글쎄요……."

잠시 정적이 흐르고 커피 잔으로 손길이 갔다. 순간 옛일이 떠올랐다. 죽으라는 팔자는 아니었던 모양이다. 재기하려는 시점에 돈 한 푼 없이 덜렁 공사는 수주했는데 공사를 시작할 돈이 없어 막막했던 지난 일이 생각났다. 공사를 수주한 당시, 그때만 해도 IMF 때인지라 외상 거래도 안 되는 실정이었지만 자신이 있었다. 무작정 계약서를 2부 복사하여 원자재상을 찾았다. 계약서를 내밀며 자초지종을 이야기했다. 배짱도 좋았던 모양이다. 평소 거래하던 판매점도 아니다. 생판 모르는 사람에게 누가 뭘 믿고 원자재를 공급해 주겠냐마는 나를 믿고 일을 준 업체나 나를 바라보고 있는 직원들 생각에 그 일을 성사시키지 않으면 안 되겠다는 생각이 들었다. 역도 선수를 연상케 하는 원자재

상 사장님에게 명함과 함께 공사계약서를 내밀었다. 계약서를 내밀자
마자 그 사장님은 아래위로 나를 훑어보신다. 주눅 들지 않고 자신 있
게 이야기했다.

"저를 믿고 원자재를 공급해주면 공사 잘 끝내고, 수금하는 즉시 물
품 대를 갚겠습니다."

하지만 원자재 값이 무려 4천만 원이다. 그럼에도 불구하고 그 사장
님은 내 말이 끝나기 무섭게 "그래요. 필요한 만큼 가져가세요"라고
말씀을 하신다. 순간 커피를 마시고 있는 내 손은 떨려오고 나를 기다
리고 있는 직원들 생각이 났다.

'이제 직원과 함께 공사를 시작할 수 있겠구나!'

인사를 하고 돌아오는 길에 세상 다 변해도 '하늘은 스스로 돕는 자
를 돕는다' 는 옛말이 떠올랐다.

그 일이 있고 약 30일 동안 나의 자그마한 공장에선 하루도 쇳소리
가 끊이질 않았고, 그 결과 공사를 잘 마치고 수금과 함께 원자재비용
을 지불하게 되었다.

"정말 너무 고맙습니다. 앞으로도 더 열심히 하여 반드시 재기하도
록 하겠습니다."

인사를 드리고 나오던 일이 새롭게 생각이 났다. 그 일이 있은 후 지
금까지 10년이 넘도록 나는 그 사장님을 형님같이 모시고, 그 사장님
께서는 나를 친동생보다도 더 따뜻하게 대해주신다.

어제는 인터뷰를 마친 후 문득 사장님 생각이 나서 내가 쓴 책 한 권
과 내 기사가 나와 있는 〈월간 리더스〉 책을 들고 사장님을 찾았다. 낮

술을 한잔 하셨나보다. 불그스레한 얼굴로 나를 껴안는다. 행복하다.

이처럼 일에 대한 책임감, 재기와 성공을 향해 갈급하다 보면 불가능을 가능하게 한다는 교훈은 아직도 유효하게 내 마음속에 자리하고 있다. 그때 갈급한 나의 마음이 하늘에 닿아 맺어준 소중한 인연……. 그 따뜻한 인연이 내게는 평생 고마움으로 남아 나를 행복하게 한다.

오늘따라 봄 햇살이 더 따스하게 느껴진다.

이런 것은 좀 갚아라~. 이 ×탱아……

부도를 맞아 아직 상환하지 못한 금융 부채들…….

상환하지 않은 채무가 많지는 않았지만 일단은 잊어야 했다.

그때는 변제할 여유를 갖지 못했다.

찔끔찔끔 변제하기보다는 사업안정이 우선 급선무라 여기고 채무에 대해서는 그대로 덮어두고 열심히 일만 할 때였다.

열심히 사업을 하다보면 회사도 안정되고, 빚도 갚고 모든 게 잘될 거라는 희망을 버리지 않았다. 그런 내 마음을 친구는 알까?

그때 당시 독촉장 최고장이 날아오는 것을 아내나 자식들이 볼까봐 주민등록을 동종업계에서 사업을 하는 친구 집에 옮겨놓았다.

그 친구는 내 마음을 헤아려 줄 거라고 믿었기 때문이다.

그러던 어느 날 법인카드 사용분 1,287,294원이 미납되어 있었는데, 집에 빨간 글씨로 큼지막하게 보이는 최고장이 날아든 모양이다.

그것 때문에 죄 없는 친구는 자기 부인으로부터 한 소리를 들은 모양이다.

나를 보자마자 휙 하니 우편물을 내던지며 한마디 한다.

"야! 이 ×탱아, 이런 것은 좀 갚아라."

책상 위로 떨어진 우편물, 지금까지 앞뒤 안보며 오직 재기하려고 발버둥치는 나였지만, 순간 아무 말이 생각나지 않았다.

카드사를 원망할 수도, 친구를 원망할 수도 없었다.

더더욱 나를 어느 날 갑자기 신용불량자로 만든 회사를 원망할 수 없었다.

누구를 원망하는 순간, 나 자신이 초라해질 것 같았다.

자리에서 일어나 아무 일 없었다는 듯 공장으로 내려가 일을 했다.

일하는 손끝이 떨렸다. 미어지는 가슴을 억누른 채 스스로를 달랬다.

그날따라 서해로 지는 석양빛이 너무 아름다웠지만 내 마음만은 잿빛하늘이었다.

'빨리 일어서자. 빨리 재기(再起)하자.'

지금 돌이켜보면, 그때 친구의 말 한마디는 내 가슴을 헤집었지만 그런 친구가 있었기에 한눈팔지 않았고, 또한 오늘처럼 재기하여 웃을 수 있는 일도 생기는 것 같다.

오늘따라 그 친구가 보고 싶지만 볼 수 없다는 게 안타까울 뿐이다.

일요일에 출근하는 남자

한 주를 열심히 살았기에 일요일에 또 나간다. 일에 중독된 사람이 아니다. 언제나 그랬듯 하루를 즐기기 위해서 일터로 향한다.

어제는 지인들과 재미있는 골프를 했다. 가을비가 내리는 하루였지만 아랑곳하지 않고 즐거운 시간을 가졌다. 좋은 사람들과 함께 운동하고 맛있는 음식을 먹고 많은 이야기를 나눌 때처럼 하루가 뿌듯한 건 없다. 어제는 그렇듯 즐거운 하루였다.

일요일이다. 아들 녀석은 일찍 어디론가 여행을 떠난 모양이다.

아내와 함께 식사를 한 후 스카이 72 골프장에서 벌어지고 있는 LPGA 골프경기를 시청하였다. '얼짱 골퍼' 최나연 선수의 우승을 지켜보았다. LPGA 우승 한 번 하더니 여유가 있었고 흔들리지 않았다. 역시 우승이 좋긴 좋은 모양이다. '아! 이런 것이 우승 프리미엄이구나!' 하고 느꼈다. 무언가 해낸 사람만이 누릴 수 있는 값진 경험을 보게 되어 기분이 좋았다.

TV 시청을 마친 후 기쁜 마음으로 회사를 향했다. 벌써 11월이다.

새로 바뀐 출근카드를 찍고 난 후 무심코 직원 출근카드를 보니 오늘도 직원 3명이 출근을 했나 보다. 사장 몰래 일하는 직원들…….

　나는 또 한 번 행복했다. 내가 행복한 건 휴일 날 직원들이 출근하여 돈을 벌어줘서가 아니다. 단지 누가 시키지 않아도, 수당을 더 주지 않아도 자발적으로 회사를 위해 일하고, 내가 맡은 일에 책임을 다 하는 '철든 직원' 들이 내 곁에 있다는 생각에 더 없는 행복감을 느끼는 것이다. 그래서 나는 직원들에게 많은 책임을 느낀다. 내 몫은 열심히 하는 직원들에게 꿈과 희망을 선물하는 것뿐이다. '그러기에 언제나 내가 더 노력해야 한다' 는 생각을 한시도 저버리지 않는다.

스스로 우산을 챙겨라

비가 온다. 그러나 비가 온다고 언제나 집안에 있을 수는 없다.

밖에 나와 원하는 길을 가려면 우산이 필요하다. 케이티(KT)가 단일 기업으론 최대 규모인 5,992명의 명예퇴직을 확정했다고 했다.

국내 최대 규모로 무려 6,000명에 이르는 명퇴자들이 이제는 스스로 우산을 챙겨야 될 입장이다. 기사를 접하니 씁쓰름하다.

기업을 하고 있는 CEO의 입장에서 안타까운 일이 아닐 수 없다.

나는 그들에게 희망을 선물하고 싶다.

그들은 그동안 회사라는 집이 있었고 조직이라는 우산이 있었다.

하지만 이제는 혼자서 비를 피해야 한다. 소나기뿐만 아니라 태풍도 피해야 한다. 갖은 어려움을 스스로 이기지 못하면 자연 도태된다. 무서운 이야기다. 하지만 모든 일을 긍정적으로 받아들이라고 말하고 싶다. 그동안 집(회사)에 갇히고 조직에 발목 잡혀 자신의 능력을 발휘하지 못하고 조직의 타성에 젖어 못다 한 일들을 찾아 도전해야 한다.

아파하지 마라. 어찌 보면 '명퇴'를 하게 된 지금의 시점이 새로운 행복의 출발점일 수도 있다.

스스로 우산을 챙기고 묵묵히 도전하라. 정신력이 강해야 살 수 있다. 천천히 가라. 제발 쉽게 이루려고 하지 마라. 명퇴자, 구직자, 창업자들에게 주고 싶은 고언(苦言)이다.

Part 4. 행동이란 이름의 KTX

[두려움과 친해져라.]

두려움과 친해져라.
실패할 두려움 없이 세상에서 이룬 성공은 아무것도 없다.

두려움과 친해져라.
두려움은 약자에겐 한없이 강하지만 강자 앞에선 스스로 무너지는 세상에서 제일 바보 같은 존재다.

두려움과 친해져라.
두려움이 없는 세상은 설렘도 없는 삭막한 가치가 없는 세상이려니……

긍정적인 에너지가 조직에 돌게 하라

긍정적인 에너지(Positive Energy)는 조직을 춤추게 한다.

긍정적인 에너지(Positive Energy)는 조직에 자신감을 심어준다.

이처럼 긍정적인 사고는 개인과 조직에 좋은 엔도르핀이 돌게 하여 상생과 협력을 강화시켜주며, 나아가 조직의 성과에 긍정적인 힘을 불어 넣어준다.

반면에 부정적인 에너지는 조직의 힘을 떨어뜨리는 파괴력과 전염성을 가지고 조직의 성과를 망가뜨리는 힘을 발휘하게 된다. 따라서 조직이 잘되려면 이러한 부정적인 사람과 부정적인 단어를 솎아내는, 다시 말해서 조직에서 멀리 떨어뜨려 놓는 일이 중요하다 하겠다.

부정적인 에너지를 차단하는 노력 여하에 따라 조직의 승패가 결정된다.

불완전한 사람의 부정적인 언행이 그만큼 조직에 커다란 장애가 될 수 있다.

긍정으로 무장한 사람이 많을수록 그 조직은 강한 조직이 된다는 사실을 간과해서는 아니 될 것이다.

불황일수록 긍정적인 사고가 요구되는 것도 그 때문이다.

재테크보다는 일에 열중하라

사람들은 재테크에는 많은 관심을 갖는 것 같다.

하지만 재테크에 앞서 일의 중요성을 간과하는 느낌이 들 때가 많다.

재테크를 고민하는 시간에 오히려 일하는 게 현명할 듯한데 말이다.

재테크에는 공격형과 수비형이 있다.

둘 중에 나는 언제나 수비형 재테크를 선호한다.

누가 부동산을 해서 돈 몇 억을 벌었다.

주식, 펀드를 통하여 몇 천을 벌었다.

주위에서 많이 듣게 된다.

그럴 때마다 나는 그 말을 무심코 흘려버린다.

열심히 일해서 얻은 것이 그들의 재테크보다 더 소중하기 때문이다.

일은 공격형을, 재테크는 수비형을 선호하는 내 성향 때문이다.

디펜스가 강해야 승리한다는 철학이 내 몸에 배어있기 때문일까?

일과 배움은 소홀히 하면서 재테크에는 누구보다 공격적인 성향을 보이는 사람치고 직장생활 잘하고, 사업 잘하는 사람을 보지 못했기 때문이다.

작년에 쓴 자일은 버려라

한참 오래된 영화인 듯싶다. 그동안 보았던 영화 중에서 가장 감동 있게 본 영화가 있다면? 난 서슴없이 〈버티칼 리미티드〉라 말한다. 아직도 영화 속의 아버지가 잊히지 않기 때문이다.

그 영화에서 아버지의 대사 중 이런 이야기가 있다.

경험이 아무리 풍부해도 등반의 철칙은 안전장치 확보다.

자일을 점검하고 캠의 안전 상태를 확인하는 일, 정상에 올라 환호하고 싶은 사람이라면 새겨들어야 할 일이다.

이처럼 무언가 성공을 이루려면 사전에 철저한 준비가 되지 않으면 정상도 밟을 수 없으려니와 자신의 생명도 담보할 수 없기 때문이다.

작년에 쓴 자일은 버려야 한다. 헤지고 낡은 자일은 새로 바꿔야 한다. 성공의 필수 장비(?) 마음가짐, 성공의 끈, 자신의 습관……. 변화하지 않으면, 혁신하지 않고서는 꿈을 이루겠다고 하는 것은 낡은 자일과 녹슨 캠을 들고 무모한 암벽을 타는 산악인과 다를 바 없다.

아들을 향해 "아버지의 마지막 부탁이다. 동생도 죽어……. 끊어!……."

아버지의 외침이 나를 부지런하게 만드는 하루인 듯싶다.

사장처럼 생각하고, 사장처럼 행동하라

워런 버핏은 투자의 귀재답게 이런 말을 했다.

"역사의 주인공이 되기 위해서는 주인으로서의 책임감을 갖고 최선을 다하는 것, 직장인이라면 자신의 돈으로 투자하고 판매하는 것처럼 '절박하게' 고민하고 행동해야 성공할 수 있다."

워런 버핏의 이 말은 평소 내가 좋아하는 생각들이다. 이렇듯 성공의 법칙은 동서고금을 막론하고 모두 공통된 특징이 있는 것 같다. 우리는 이 말이 시사하는 중요한 사실을 주목하여 역사의 주인공이 되도록 노력을 해야 한다.

첫째는 '주인처럼 생각하고 행동하라' 이다.

성공한 CEO들의 공통점은 그들이 직원으로 있을 때 늘 사장처럼 생각하고, 사장처럼 행동했다는 사실이다. 성공은 그렇게 움직이는 자의 곁에 늘 함께하여 왔다는 사실이다. 사장처럼 일하지 않고서는 직장에서의 성공, 사업 성공, 나아가 투자의 성공을 이루기란 어려움이 있다.

둘째는 "궁해야 통한다"는 옛말처럼 '절박함이 있어야 한다' 는 사실이다.

성공을 바라는 간절한 마음은 절박할 때 나타나게 되어 있다. 절박함은 지혜를 번뜩이게 하는 힘을 가지고 있다. 지혜가 번뜩여야 올바른 판단을 하게 되고 올바른 판단은 골(Goal) 결정력을 높여주는 단초를 제공한다. 절박한 마음 없이 이룰 거라곤 행운밖에 없다. 앉아서 행운을 기다리느냐, 아니면 열심히 뛰면서 골문을 두들기느냐는 각자 선택의 몫이다.

'일도(1°)의 변화'가 주는 교훈

원은 360°의 각(角)으로 이루어져 있다.

각은 변화를 의미한다. 성공을 향해 자신이 날아갈 각을 제대로 설정하는 일은 중요하다. 각을 제대로 설정하지 못하고 길을 간다면 괜히 애만 쓰고 아무런 해결점도 찾지 못하는 우를 범할 수 있다.

진정한 변화는 마음과 행동을 약간씩만 조정하는 1도 변화를 통해 온다.

성공한 자와 성공 못한 자의 차이는 1도의 사소한 차이로 인하여 결정된다.

1도의 사소한 차이를 바로잡는 것, 그것이 바로 '성공 얼라이먼트'다. 자동차 핸들이 쏠릴 때 우리는 정비소에 가서 얼라이먼트를 한다.

골프공이 원하는 방향으로 나가지 않을 때 우리는 피팅숍에 가서 클럽 피팅을 한다.

그렇듯 성공도 마찬가지다.

성공이란 작은 변화와 작은 습관을 바로잡는 것에서 출발한다.

성공은 이처럼 작은 변화, 미세한 부분의 정렬에서 시작된다.

진정한 변화는 작은 것에서 시작되며, 작은 것이 모여 성공의 습관이 쌓이게 되며, 성공의 습관은 올바른 인격을 낳게 되고, 나아가 인생을 변화시키는 힘이 된다.

이처럼 1도의 변화를 시도하려는 노력은 자신이 애써 이루려는 성공이 원하는 방향으로 가게 하기 위한 변화의 물꼬라는 사실을 잊어서는 안 되겠다.

한 번에 큰 변화를 노리는 것은 도둑의 심보다.

한 번에 큰 거 한방을 노리다가는 헛스윙하기 십상이다.

좋은 습관 하나는 성공의 보약이다

나 보다 남을 먼저 배려하는 마음

습관적으로 다가가는 몸에 배인 서비스

성공은 몸에 배인 좋은 습관이 인간에게 주는 포상이다.

좋은 습관은 맛있는 음식과 같아서

서서히 체내에 쌓이게 되며

이렇게 쌓인 좋은 습관은

결국 성공을 불러들이는 역할을 담당하게 된다.

좋은 습관은 마치 보약과 같아서

처음에는 약효를 드러내지 않지만

오랜 세월을 거듭하면서 서서히 진가를 발휘하는 속성을 가지고

있다.

열정의 심지에 불을 붙이는 역할

일단 불이 붙으면 훨훨 타오르게 하는 역할을 통해서

결국은 원하는 성공에 이르게 한다.

아는 길도 물어서 가는 이유

묻는다.

길을 묻는다.

아는데도 또 묻는다.

왜 그럴까?

참으로 묻는 것에 익숙하지 않은 사람들이 많다.

그저 안다고 그냥 발걸음을 재촉하기 바쁘다.

아는 길을 물어서 가는 멘티(Mentee)

아는 길도 묻는 것은

그 사람의 지혜를 얻어보자는 것이다.

내가 모르는 다른 길

또는 지름길을 물어보자는 것이다.

이처럼 아는 길도 묻는다는 것은

길을 몰라서가 아니고

길을 빨리 가려고 묻는 것이다.

사람을 기분 좋게 하는 기술

회사에서 사장에게, 상사들에게, 동료들에게 나로 인하여 구성원들의 기분이 좋게 하여 주시옵소서…….

가정에서 나의 소중한 아내, 사랑하는 아이들에게 나로 하여금 기분 좋은 하루를 열게 하여 주소서…….

나를 찾는 고객들에게 우리 회사로 하여금, 나로 하여금 만나서 기분 좋은 일들이 넘치게 하여 주소서…….

내가 속한 모임, 단체의 모든 구성원들에게 나로 하여금 웃는 일들이 많게 하여 주소서…….

내가 만나는 이웃, 친지, 선후배 그리고 불우한 이들에게 기쁨을 주고, 용기를 주고, 희망을 주는 역할을 하도록 하여 주소서…….

내가 이 땅에 사는 이유는 내가 만나는 사람을 기분 좋게 하라는 명(命)을 받았음을 알고, 그들을 위해 기쁨과 희망을 줄 수 있는 몸과 마음을 만드는 데 추호도 게으름을 부리지 않도록 하여 주소서…….

성공은 옷을 벗으려는 연습이다

사람들은 쉽게 옷을 벗으려 하지 않는다.

지금 입고 있는 옷이 편하고 좋은 모양이다.

스타일에도 변화를 주려하지 않는다.

지금의 스타일이 자기 딴엔 멋있는 모양이다.

옷을 벗자.

새 옷을 입으려면 옷을 벗어야 한다.

명품 예쁜 옷이 옆에 있는데도 갈아입으려 하지 않는다.

왜 현실에 안주하려고 하는가!

현실 안주를 하는 게 마치 겸손인 양 떠들어 댄다.

아니 되는 일이다.

과감히 벗는 연습을 해야 새 옷을 입을 수 있다.

게으르고 현실의 변화를 낯설어 할 필요가 없다.

과감히 치고 나가는 자가 불황을 이기는 자가 된다.

무언가 바꾸려 노력하는 연습이 있어야 새로운 도전을 꿈 꿀 수 있고 변화를 받아들이는 어색함이 없어야 새로움을 창조할 수 있다.

그것이 성공한 사람들의 행동이다.

예전의 것을 벗고 새로운 옷을 갈아입고자 하는 마음에서 성공은 소리 없이 내게 온다는 사실을 알아야 하겠다.

불황을 예비하는 자가 성공한다

'어떤 사람이 성공합니까? 성공의 방법, 성공의 법칙 좀 가르쳐 주십시오.'

생활하면서 가끔씩 한번은 듣는 이야기다.

불황, 호황은 언제나 있는 법이다.

이는 낮과 밤이 일정주기에 따라 변하는 것과 마찬가지로 단지 일정주기만 아니지 우리에게 언제나 있을 수 있는 경제 현실이다.

중요한 것은 살면서 불황, 호황에 대해서 너무 민감하지 말고 앞일, 아니 후일을 예비하는 자가 되자는 이야기다.

"다른 사람은 고기가 없다고 낚싯대를 걷을 때, 고기가 잔뜩 걸린 그물을 힘차게 끌어올리는 멋쟁이가 되자"는 이야기다.

나 같은 경우도 불황을 예비해서 열심히 일하고 열심히 배운 게 아니다.

평소 습관대로 열심히 일했고, 평소 배움에 대한 생각대로 그저 배웠을 뿐이다.

그런 와중에 경제위기가 닥치고 사람들은 어찌할 바 모르고 당황할 때 회사도 안정적으로 나갈 수 있고, 박사학위도 받고, 에세이집도 발간하는 수확을 거둔 것이다. 그 모든 것이 오늘의 현실을 예비하고 한 것이 아니다. 중요한 것은 평소의 습관이다. 평소 성공의 습관에 충실

했기 때문에 가능했던 일들이다.

지금은 또 다른 그물을 끌어당기기 위해서 새롭게 그물을 손질하고 그물을 바다를 향해 세차게 던질 또 다른 준비의 시간이란 생각이 불현듯 생각난다. 모두들 힘을 냈으면 싶다. 그저 인생을 길게 보고 열심히 하다보면 분명 우리에겐 좋은 일과 좋은 성과가 있을 것이라는 희망이 살아있기 때문이다.

내 손에 피가 나더라도……

불황에도 지지 않을 사람이 있다.

불황을 모르고 당당히 살아가는 사람이 있다.

그 사람은 이런 사람이라는 생각이 든다.

나는 칠흑같이 어둡고 깜깜한 동굴에 묻혀있다.

목마르다. 햇빛도 보고 싶다.

좌절감이 엄습한다.

무서운 공포감이 나의 목을 조른다.

무섭다. 두렵고 떨린다.

이럴 때 체념하는 사람이 있다.

비관적이다. 절망적이다.

누군가 나타나 나를 구해주길 간절히 바란다.

기도하며 기적을 기다린다.

그는 누군가의 도움을 기다리다 끝내 지쳐 죽는다.

생명이 살아 있는 한 나는,

신(神)이 나에게 준 생명력을 믿는다.

부모가 나에게 준 성공의 바람을 믿는다.

누군가 도움을 기다리지 않는다.

칠흑의 어둠에서도 희망의 등불을 켠다.

그리고 흙을 파기 시작한다.

지치고 힘들수록 정신력으로 버틴다.

손톱이 헤지고 피가 난다.

아픔을 참는다. 그리고 흙을 파고 또 판다.

누구의 도움일랑 애당초 기대하지 않는다.

오로지 내 힘으로, 나의 의지로 역경을 참아낸다.

손톱이 찢겨 흐르는 피의 량(量)이 늘어나기 시작한다.

조금 더 참고 흙을 판다.

드디어 생명의 빛……. 햇볕이 살짝 보인다.

긴장을 늦추지 않는다.

드디어…….

＊　＊　＊

"내 손톱에 피가 나는 한이 있어도, 나 스스로 햇빛을 찾아가자. 누군가에 의해서 햇빛이 내게 비추어지길 기다리지 않는다."

– by 고환택

시간은 없을수록 나온다

짬나는 대로……. 난 짬나는 대로 했을 뿐이고~!

돌이켜보면 2008년 한 해는 시간이 없었다. 시간이 없었다는 것은 다름 아닌 버릴 시간이 없었다는 이야기다. 하루 한시 버릴 시간 없이 짬을 내고 또 짬을 냈다.

회사를 창업한지 15년 만에 최고의 매출을 올렸다. 그러면서 박사학위 논문도 끝내고, 에세이 한 권도 출간했다. 그리고 그것도 부족했던지 국기원에서 태권도 2단도 땄고, 골프 구력 6년 만에 원하던 골프 싱글스코어를 두 번이나 기록했다.

1년의 성과로는 참 대단한 일을 한 것 같다. 그럼에도 불구하고 기존 생활을 흩트려 놓지 않으면서도 모든 결실을 이끌어 간 부분은 지금 생각해도 너무 감사하고 또 감사할 뿐이다.

바쁜 1년을 살면서 느낀 게 있다. 그것은 시간이란 놈은 시간 죽이는 사람 앞에선 사정없이 흘러가지만 시간을 안배해서 바삐 살아가는 사람 앞에서는 천천히 서행해 주는 배려가 있다는 사실을 배웠다.

'시간은 없을수록 나온다.'

하루 24시간은 누구에게나 똑같이 주어진다. 단지 게으른 사람의 24시는 빠르고, 부지런한 자의 24시는 천천히 그리고 길게 흘러가는 법이란 사실이다. 그러기에 가능했던 일들……. 모든 것이 '마음먹기에 따라 달려 있다' 는 사실을 바쁜 삶 속에서 터득했던 한해였던 것 같다.

　지금은 모두가 어렵다. 이러한 불황기일수록 '시간을 내 편으로 만들어 가는 연습이 필요할 때가 아닌가' 하는 생각이 차가운 바람을 타고 나의 가슴에 잔잔히 스며든다.

오늘 할 일은 오늘이 아닌 지금하자

동이 트면 강을 건너가겠다는 생각을 버려라.

강을 건널 시기는 바로 지금이다.

요즘 사람들은 굳이 어려운 일을 하려하지 않는 것 같다.

어찌 보면 동이 트고 날씨가 좋은 때를 기다려 그저 편하게만 강을 건너갈 생각만을 하는 것 같다. 캄캄한 밤에 위험을 무릅쓰고 강을 건너는 이유를 모르겠다는 사람들이다. 참으로 똑똑한(?) 사람들, 지혜(?)로운 사람들이 많은 세상이다.

한가한 사람들…….

그들에게 성공은 강 건너 불구경하는 사람들이나 다를 바 없다.

오늘날 세상은 남보다 한 발 앞서 개척한 선구자에 의해서 지배되어 왔다.

남보다 한 발 먼저 도전하고, 경쟁사보다 한 발 먼저 기술을 개발하고, 상대팀보다 한 발 앞선 공격을 하는 자가 성공했다는 사실이다. 한 발 앞선 시작의 결과는 결국 10리, 100리 차이를 낳게 한다.

무릇 성공은 한가하게 주어지지 않는다. 똑같은 고생이지만 먼저 나아가 고생을 받아들이는 마음이 성공의 시작이요, 이는 곧 불황을 이기는 힘이 된다는 사실을 알아야 한다.

동이 트면 강을 건너기는 쉽다.

그러나 중요한 건 그때는 누구나 다 강을 건넌다는 사실이다.

눈뜨면 즐길 것을 찾아라

사람은 누구나 아침이면 눈을 뜬다.

하지만 어떤 이는 눈을 뜨면 하루의 즐길 것을 찾는 사람이 있는 반면, 그저 아무 생각 없이 눈을 뜨는 사람이 있는 듯하다.

아침에 눈을 뜨면 즐길 것을 찾아라.

불황에 눈을 뜨는 하루가 답답해도 어딘가 숨어있을 그날의 즐길 일을 찾아야 한다.

즐길 일이 없으면 인생이 건조해진다.

땅이 건조하면 푸석푸석 먼지가 나듯 인생이 건조하면 희망은 사라지고 원치 않을 악취만 풍기게 된다. 악취는 본인도 안 좋지만 주위까지 고통스럽게 한다. 흔히들 '좋아서 웃는 게 아니라 좋아지기 위해서 웃는다' 고 한다.

누구나 아침에 눈을 뜰 때면 고통스러울 때가 있는 법이다. 하지만 고통도 자신이 극복하라는 고통이고 보면 그 고통 때문에 내 하루를 즐기지 못한다는 것은 정말 어리석은 일이다. 하루쯤 답답하고 고통스러운 일은 좀 떼어놓고 즐기도록 하자. 그리하면 내가 할 일이 무엇인지 답이 보일 것이다.

아침에 즐길 것을 찾지 못하면 하루는 망치는 법이다. 요즘처럼 짜증나고 답답할 때일수록 즐거움을 잊어선 안 된다. 즐거움을 찾아

나서다 보면 할 일이 생기고 내가 하는 그 일 속에서 또 다른 즐거움이 나를 춤추게 하는 법이다. 하나의 즐거움이 더하면 또 하나의 즐거움을 위하여 더욱 열심히 하게끔 자신을 자극하고 또 자극하게 한다. 그것이 바로 '펀 도미노(Fun Domino)'인 것이다.

이 불황에 펀 도미노 열풍이 우리들의 삶에 세차게 몰아쳤으면 싶다.

〈레이디경향〉 인터뷰를 하고 나서……

어제는 정동 길 돌담길 조용한 카페에서 〈레이디경향〉 기자와 인터뷰를 가졌다.

월간 여성지 인지도 3위라는 여성지에 걸맞게 인터뷰기자와 사진기자 모두 친근함과 프로다움을 느낄 수 있어서 좋았다.

그러나 돌아오는 길엔 봄을 재촉하는 비만 부슬부슬 내릴 뿐……. 마음은 뭔가 허전하다는 생각만이 내리는 비처럼 내 마음을 적시고 또 적셨다. 마음속에 있는 생각을 독자들에게 전부 토해내지 못해서 그런가 보다.

'성공스토리'에 내 작은 인생을 보여주는 게 쑥스럽고 부족했기에 그랬었나 보다.

갑자기 그런 생각이 들었다. '해도 해도 끝이 없는 게 자식 사랑이요, 해주고 또 해줘도 늘 부족한 것처럼 느끼는 게 부모의 사랑인 것 같다고…….'

제조업만 하다가 요즘 몇 번 인터뷰를 하니까 생소하고 떨려서 그런가 보다.

처음 준비할 때는 이것저것 알뜰하게 준비했다가도 막상 녹음기를 앞에 놓고, 카메라를 들이대면 평상시와는 다르게 목소리 톤도 올라가고, 자세 역시 어색하고 시선을 어디다 둬야 할지 많이 불편해진다. 내가 생각해도 웃음이 난다. 이것이 카메라 공포증인가.

하여튼 3시간 반 정도 긴 시간에 걸쳐 인터뷰를 했나 보다. 내 사무실이 아닌 또 다른 곳에서 세상을 향해 소리치는 첫 번째 인터뷰라서 더더욱 떨렸나 보다. 학창시절 사랑하는 사람과 덕수궁 돌담길을 걸으면서도 오늘처럼 순진했었다. 기분이 좋으면서도 한편으론 쑥스러워 말 못하는 순수청년(?). 그리고는 같이 있을 때 '더 잘해 줄 걸' 하는 마음……. 미안하고 아쉬운 마음. 그때 그 시절과 지금은 많은 시간이 흘렀건만 순진한 바보스러움은 왜 변함이 없는지? 그런 나를 보며 '인터뷰는 마치 연애와 같다' 는 생각을 지울 수가 없었다.

정동 길을 떠나 한강에 접어들자 무언가 나를 강하게 깨워준다. 세상을 향해 더 크게, 더 자신 있게 그리고 용기를 내어 소리치라고……. 세월이 지나 착한 마음 변함이 없는 것은 자유이지만, 세상을 향해 소리치는 용기만은 분명 예전과 달라야 한다고……. 너는 그럴 만한 자격이 있다고……. 스스로를 달래며 용기를 갖는 좋은 계기가 된 것 같다. 그런 계기를 갖게 해준 〈레이디경향〉 김민주 기자님께 깊은 감사와 함께 고마움을 전한다.

잊지 못할 인터뷰! 편안하게 이끌어주셔서 너무 고맙습니다.

늘 건강하시고, 꼭 행복하시기길…….

이천구년 삼월 넷째 날 '철든 남자' 고환택 Dream

대한민국 서비스 1번지

'불황일수록 퀄리티가 있는 서비스를 요구한다.'

'서비스에는 불황이 없다.'

'네 안에 대한민국 서비스 대리점을 개설하라.'

'서비스는 고객에 대한 기본 예의다.'

'제품 제작시 서비스를 담고, 판매시 포장지에 서비스를 담아 팔아라.'

최근 일본능률협회의 컨설팅에 따르면 '소매업에서는 가격이 하루 만에 똑같아지고, 상품 품목은 3일 만에 모방된다. 차이를 좁히기 힘들고 따라할 수 없는 것이 서비스다' 라고 설명했다.

흔히들 '혼을 담은 시공', '고객을 왕처럼' 이라는 캐치프레이즈를 종종 볼 수 있다. 참으로 웃기는 이야기다. 건설을 하면서 왜 혼까지 담으려 하는가. 혼까지는 담지 않아도 좋다. 고객이 편하게 살 수 있도록 튼튼하고 정성스럽게 집을 지으려고 노력하라. 고객은 서비스를 요구할 뿐이지 '혼(魂)' 까지 요구하는 무지한 사람들이 아니다. 희한한 일이다. 고객을 맞으며 왜 왕처럼 대하는가. 고객을 왕처럼 대한다는 것은 고객들이 왕처럼 많이 팔아달라는 압력으로밖에 여겨지지 않는다. 진정한 고객은 자기가 구매할 비용을 지불하고 비용 이상의 큰 것을 요구하지 않는다. 다만 그들은 적정 구매비용으로 원하는 물품을 구입하되, 그 위에 만족이라는 서비스를 원한다는 사실이다.

차별화된 서비스, 작은 서비스, 아름다운 서비스, 마음으로 다가오는 서비스, 다시 찾고 싶은 서비스를 요구할 뿐이다.

서비스가 있어 아름다운 세상, 서비스로 하여금 불황을 타계하려는 움직임, 서비스가 있어 행복하고, 서비스가 있어 아름다운 세상을 꿈꾸어 본다.

좋은 친구를 가까이 많이 두어라

'인생에서 가장 중요하게 생각하는 것이 무엇인가요?' 라는 물음에 많은 사람들은 좋은 친구라는 이야기를 하는 데 주저함이 없다. 그만큼 인생에서 좋은 친구가 중요하고 또 필요로 하는 것일 게다.

공자님께서는 다음과 같이 말씀하셨다.

子曰,
學而時習之 不亦說乎
有朋自遠方來 不亦樂乎
人不知而不殘 不亦君子乎
"배우고 때때로 익히면 또한 기쁘지 아니한가."
"벗이 있어 먼 곳으로부터 찾아오면 또한 즐겁지 아니한가."
"남이 알아주지 않아도 성내지 않는다면 또한 군자가 아니겠는가."

여기에서도 '벗이 있어 먼 곳으로부터 찾아오면 또한 즐겁지 아니한가' 했듯이 친구가 나를 찾아오는 것만큼 기쁜 일이 없는 것이다. 성공한 사람 곁에는 좋은 친구가 많다. 친구 사귐에 인색하지 말고 친구를 많이 사귀는 것도 성공의 제1 법칙임을 알아야 하겠다.

떠난 자리를 보면 그 사람을 알 수 있다

자신이 앉아 있다 떠난 자리를 깔끔하게 하라.

자신이 앉아 있다 떠난 자리를 아쉬워하게 하라.

자신이 앉아 있다 떠난 자리를…….

떠난 자리를 보면 그 사람을 알 수 있다.

대합실에 앉아 있다 떠나도 뒤끝이 깨끗하게 떠나야 한다.

회사를 다니다가 이직을 해도 내가 있던 회사에 불편함이 없도록 깔끔하게 업무를 마무리하는 게 중요하다.

세상살이 그저 앉아 있다 떠나고, 앉아 있다 떠나고…….

그렇다보면 세월이 가고 자연히 나이를 먹게 된다.

인생사 30대, 40대, 50대를 거치면 대부분 정년을 맞이하게 된다.

이렇듯 때가 되면 떠나야 하는 운명 속에서 우리는 살고 있다.

때로는 떠나는 것이 아쉬워도 떠나야 하는 게 인생이다.

그러나 그 속에서도 잊지 말아야 할 것이 있다.

그것은 떠난 자리가 깔끔해야 한다는 것이다.

떠난 자리가 깔끔하다면 그 사람은 이미 성공한 사람이다.

다른 자리에서도 환영을 받을 것이기 때문이다.

서비스 등불이 타오르게 하라

대학원 후배가 갑자기 몸이 아파 119 구급차에 실려 중환자실에 입원했다.

다행히 응급치료를 받고 깨어났다. 멀리 중국에서 유학온 학생이다.

일요일임에도 불구하고 신속한 의료서비스를 제공하여 위급환자를 치료해준 병원에 감사한 마음이 들었다. 며칠 후 후배 한 명과 함께 병원을 찾았다. 병실을 알고자 환자와 보호자에게 통화를 시도했지만 통화가 안됐다. 기다리다 못해 후배는 병원 간호사에게 다가가 병실을 물었다. 환자 차트를 보느라 간호사는 바빠 보였다. 그렇지만 내방객의 문의에 하던 일을 멈추고 친절히 안내를 해주었다.

"1610호에 계시네요."

간호사의 말이 끝나기가 무섭게 뒤도 안돌아보고 엘리베이터가 있는 곳으로 향했다. 내 눈은 간호사에게서 떨어지지 않는다. 조용히 후배에게 한마디 했다.

"너, 왜 고맙다는 인사를 안 해? 안내해준 사람 무안하게……."

아무리 바빠도 그렇다. 상대방도 바쁜 와중에 안내를 해줬으면 최소한 "고맙습니다"라는 인사는 못해도 감사의 목례라도 하고 떠나야지……. 엘리베이터로 향하는 짧은 시간 후배를 향해 한마디 해두 었다.

"다음부터 그러지 마라. 서비스 학문을 배운 우리들이 몸소 이 사회 의 서비스 등불이 타오르게 해야지 오히려 서비스 등불이 사그라지게 하는, 그런 행동은 우리의 행동이 내가 보기에 아닌 것 같다."

"아! 네……. 다음부터 주의하겠습니다."

"그래……. 다음부터는 '고맙다, 죄송하다' 이런 말이 자연스럽게 몸에 밸 수 있도록 신경 써라."

한마디 해주고 병실에 올라갔다.

서비스는 릴레이 되어야 한다.

서비스의 시작도 바통을 받아 내달리는 것도 아름다운 마무리를 하 는 것도 내가 우선되어야 한다. 최소한 나로 하여금 서비스 등불이 꺼 지지 않게 하라.

내가 먼저 서비스의 등불을 켜지 않는 것도 통탄할 일일지언데 내가 앞장서 서비스 바통을 놓쳐 버리는 우(愚)를 범한다는 것은 참으로 어 리석은 일이다.

'서비스는 만국의 공통 언어다.' 언어의 불통은 사람을 짜증나게 한 다. 만국 공통 언어를 자유롭게 구사하고, 그것이 내 몸에 배일 수 있 도록 서비스 정신이 방방곡곡으로 확산되고, 유행병처럼 이 사회에 번 졌으면 좋겠다.

은행을 멀리하라

중소기업의 메카 인천 남동공단에는 오늘도 5,000여 개의 중소기업들이 불황에 살아남기 위한 기업들의 날갯짓이 그 어느 때보다도 활발하다. 미래의 경쟁력을 위해 노사가 한마음 한뜻이 되어 굵은 땀을 흘리는 현장 대부분의 중소기업들은 키코, 엔화대출 그리고 골이 깊은 불황에 발목이 매여 힘겨운 싸움을 하고 있다. 살아남기 위한 그들의 처절한 노력은 참으로 눈물겹다.

그러한 틈바구니에서 나도 사업을 하고 있다. 어려움이야 어찌 다 말로 표현하겠냐만 그래도 일을 하며 웃는다. 좋아서가 아니라 더 여건이 좋아지리라는 희망이 있기에 웃음을 잃지 않는 것 같다. 그러다 보니 하는 일도 재미가 있다. 이것이 '긍정의 힘' 인가!

남동공단, 업체가 많고, 업종이 다양한 것처럼 그들은 나름대로 제품경쟁력을 가지고, 업종에 따른 경쟁력을 가지고 열심히 살아가지만 개중에는 환경의 덫에 휘말려 본의 아니게 어려움을 겪는 회사들도 있다. 때로는 안타깝다. 모두들 열심히 하시는 분들인데…….

문제는 바로 주변 환경이다. 주변 환경을 극복하지 않고는 아무것도 이룰 수가 없다.

오직 믿을 것은 자기밖에 없다. 책임질 사람도 자기 자신뿐이다.

키코나 엔화대출 사례에서도 보듯 기업이 어려우면 은행은 나 몰라라 한다. 이는 은행도, 은행 직원도 그들의 생존에 직결된 문제이기 때문이다.

그들을 원망할 필요도 없다. 문제는 내가 은행 문턱을 밟았기 때문에 벌어진 일들이다. 많은 은행들……. 은행, 고맙다. 어려울 때 힘도 된다. 하지만 은행을 너무 가깝게 하다보면 자립심이 약해진다. 조금 늦더라도 가급적 무차입 경영을 위해 은행을 멀리하는 습관을 들여야 한다는 이야기다. 은행에 가지 않고 은행에서 찾아오게끔 하는 노력이 절실하다.

나 역시 신용상태가 좋지 않을 땐 은행에 가면 번호표 뽑아서 기다리다 업무를 보고 나온다. 지금은 PB센터에서 여유 있게 차를 마시며 기다리지 않고 빨리 업무를 볼 수 있다. 그래도 은행 문을 나설 땐 꼭 옛날 생각이 난다.

'지금 좋다고, 지금 대우 받는다고, 너무 은행과 친하지 말자.'

내 자신이 어려웠을 때를 기억하며, 다시 어려움을 당하지 않으려면 은행을 좀 더 멀리 두고 살아가는 길이 현명하리라 생각된다.

'응립여수 호행사병(鷹立如睡 虎行似病)'

채근담을 보면 '응립여수 호행사병(鷹立如睡 虎行似病)' 이란 말이 나온다. 이 말은 '매는 조는 듯이 앉아 있고, 호랑이는 병이 든 듯 걷는다' 는 뜻이다. 즉, 고수는 허술해 보이지만 안에 날카로운 그 무엇을 갖고 있다는 것이다.

여기에 중요한 교훈이 있는 것 같다. 사람은 누구나 자기가 가진 눈으로, 자신의 눈높이로 그리고 자신의 상식으로만 상대방을 보려한다. 그런 눈으로는 상대방의 성공한 내면의 모습을 볼 수 없다.

예컨대 성공한 사람을 보면 그저 별 볼일 없는 사람처럼 보일 때가 많다.

성공한 사람들! 그들은 한결같이 자신의 성공에도 불구하고 늘 부족함을 느끼며 미래를 위해 더 노력하려는 사람들이다. 성공했다 하여 발톱을 드러내는 사람은 이미 과거로 흘러간다는 사실을 잘 알기 때문이다.

그러기에 그들은 날카로운 발톱을 세우고 세상을 살아갈 필요를 느끼지 못한다.

그저 엉성한 듯 살아가기를 좋아한다. 그렇기 때문에 성공한 사람을 바로 보려면 그 사람의 엉성한 듯하지만 그 내면에 숨겨진 발톱을 보아야 한다는 것이다(발톱은 성공한 사람의 철학이나 내면의 세계를 말한다).

　성공한 사람들! 지금의 그런 성공은 절대 공짜로 얻어진 것이 아니다. 즉, 고수는 허술해 보이지만 안에 날카로운 그 무엇을 갖고 있다는 것이다. 성공한 사람들을 보면 대체로 그렇다. 엉성한 듯하지만 그 안에 숨겨진 발톱을 가지고 간다. 지금의 그런 성공은 절대 공짜로 얻어진 것이 아니기에 성공이 더 할수록 더 허술한 모습으로 살아가기를 즐긴다. 조는 듯이 앉아 있고, 병이 든 듯 걷는다 하여 그들을 가벼이 보는 우(愚)를 범하지 말아야겠다.

하루하루 기적을 만들어 나가자

"우리가 살아가는 하루하루가 기적이고, 나는 지금 내 생활에서 그
것이 진정 기적이라는 것을 안다. 그래서 난 이 책이 오롯이 기적의 책
이 됐으면 한다."

– 故 장영희 교수(서강대)의 《살아온 기적 살아갈 기적》 프롤로그 중에서

기적(奇蹟, miracle)이란 일반적으로, 어떤 일이 상식적으로는 납득
이 가지 않는 결과를 빚었을 때, 그것을 두고 이르는 말일 것이다.

그래서 우리는 '기적' 하면 '인간의 힘으로, 아니면 자신의 힘으로
도저히 할 수 없다는 체념 내지 판단 같은 것이 어떤 연유에서인지 모
르게 상황이 뒤집히는 현상을 의미한다' 라고 말한다. 故 장영희 교수
께서 말씀하신 '살아온 기적 살아갈 기적' 도 마찬가지 삶에 강한 의지
가 없다면, 이룰 수 있다는 강한 신념이 없다면 이룰 수 없는 기적 같은
것이다.

내가 생각하기에는 기적과 일반현상은 '강한' 이라는 두 글씨로 좌
우된다.

대체로 인간은 누구나 의지가 있다. 신념이 있다. 하지만 기적을 이
루는 삶을 살아가는 사람은 자신의 의지와 신념에 '강한' 이란 플러스
알파를 붙이고자 노력하는 사람은 누구나 기적을 만들 수 있다. 내 안

에 기적은 그래서 늘 유효하게 살아있는 것이다.

꿈꾸자. 기적은 결코 남의 일이 아니다. 내 인생에 내가 할 사명이다. 하루하루를 강한 정신력으로 살아가다 보면 누구나 기적을 이룰 수 있다.

내 안에, 이 사회에 기적을 만들어 나가는 하루가 되었으면 싶다.

날마다 '파티(party)' 하는 남자

아침에 잠에서 깼다. 나의 아침은 누구보다 게으른 편이다.

아니 와이프가 깨워서 일어날 때가 종종 있다.

핑계 같지만 숙면은 그날의 파티를 위해 필요한 것이니까…….

날마다 파티에 나서는 아침은 그저 먹는 둥 마는 둥. ㅋㅋ

어떤 때는 피곤하다는 핑계로 밥을 안 먹겠노라 시위를 한다.

때로는 침대 위에서 숟가락에 반찬을 올려줘야 먹는다.

먹으면서도 웃음이 난다. '요즘에도 이런 배짱 좋은 남자가 있나?'
싶다.

나이를 먹어도 와이프는 내가 귀여운(?) 모양이다.

'야자'로 피곤해 하는 막내둥이 밥 먹이는 듯하니 말이다.

하루의 파티는 아침에 눈을 뜨면서 그렇게 시작한다.

일터에 나갈 때는 호텔연회(파티) 나가듯 신바람을 내며 나선다.

언제부턴가 일을 파티하듯 즐기는 여유가 생기면서 능률도 올랐다.

무엇보다도 회사 분위기가 밝다. 일하다 보면 간혹 짜증나는 일도
생긴다.

그럴 때면 그저 파티할 때 어느 한 사람이 술에 취해 술주정한다 하

는 생각으로 깔끔히 정리를 한다. 그리고는 또 신나는 파티를 이어간다. 파티하듯 일하며 한 가지를 배우고, 또한 생활의 지혜를 터득한다.

이렇게 즐거움을 쫓다 보면 저녁……. 또 저녁 파티가 시작된다.

또 다른 파티의 연속이다. 저녁이면 거래처나 지인을 만난다.

못다 한 운동이나 취미생활을 즐긴다. 소주 한잔 기울이는 재미도 쏠쏠하다.

모두가 재미있다. 그렇게 그날의 파티는 진한 어둠과 함께 끝이 난다.

신나는 하루, 파티로 지친 몸……. 파티의 끝은 언제나 집이다. 그날의 다 못다 한 파티를 집에서 멋있게 마무리한다. 감사의 기도를 한다. 내일 또 다른 파티가 나를 설레게 한다.

잠자리에 든다. 졸음이 쏟아진다. 그저 많이 행복하다.

나만의 '성공 FAIR'를 꿈꾸며……

나는 가끔 내 안에 꿈틀거리는 그 무언가 하나를 배우려고 전시장, 박람회장을 한 번씩 찾는 습관이 있다. 이전에 보았던 생산물의 개량, 발전된 모습을 보다보면 새로운 열정이 되살아난다.

입구에 들어서면서부터 산업의 발달을 눈으로 목격하게 된다. 전시된 온갖 물품을 보다보면 더 부지런해야겠구나 하는 생각이 든다.

박람회장에 가보면 모든 것이 새롭고 발전된 제품들을 보게 된다.

아이디어를 얻게 되고, 새로운 의욕도 되살아난다.

언젠가 한번 디자인 페어를 관람하고 나오던 중 문득 생각이 났다.

나만의 성공 페어를 멋지게 해보면 어떨까?

많은 사람들에게 나의 성공인자(成功因子)들을 진열해 놓고 관람객들에게 냉정한 평가를 받아본다면 어떨까? 무한 상상을 하게 되었다.

내 안에 성공인자(成功因子)를 꺼내 전시를 했을 때 사람들의 반응이 어떨까? 호기심이 들었다. 다른 한편으로 생각하니 내 자신이 갑자기 초라해지는 느낌이 들었다. 그래도 좋다. 지금은 창피하다. 하지만 더욱 노력해서 언젠가는 나만의 멋진 '성공 페어'를 하겠노라고 마음 먹었다.

박람회장에는 거꾸로 가는 물품이 없다. 정체되어 있는 물품이 없
다.

그렇듯 내 안의 새로운 성공의 모습을 개량, 발전시켜 멋진 나의 모
습을 세상에 드러내 놓고 마음껏 보여주고 싶다.

'이것이 내 삶의 전부라고…….', '이것이 내 성공의 무기였다
고…….'

비는 추적추적 내렸다.

아무리 발버둥 쳐도 우산으로 가릴 수 없는 부분은 비에 젖었다.

자연, 그들에게 미안한 생각을 했다

담배 그리고 담배 연기는 많은 사람들에게 피해를 준다.

식당 그리고 사람들이 많이 모이는 곳, 어김없이 담배 연기로 자욱하다.

도심에서도 느껴보지 못했던 무감각, 영흥도 '꾸지나무공원' 에서 강렬하게 느꼈다.

꾸지나무에서 공원지기의 인솔 아래 20,000평의 넓은 공원을 한시간 넘게 따라다녔다.

담배를 피울 공간이나 동행한 분들 옆에서 담배를 피우기 불편한 터라 애써 참고 또 참아야 했다. 아니 일정부분은 잘 가꾸어진 꽃과 나무를 보느라 정신이 없어 담배 피울 생각을 잠시 잊었던 것 같다. 인천 인근에 이처럼 아름다운 공원이 있었다니…….

구경을 마치고 공원지기가 마련해준 카페에서 차를 마시며 꾸지나무공원의 사계절 모습을 비디오로 보았다. 5월의 풍경도 넋이 나가도록 이리 아름다운데…….

비디오로 보는 사계절은 일상을 잊고 꾸지나무공원에 머물고 싶으리만큼 내 정신을 쏘옥 빼어놓았다. 10년 동안 가꾸어 온 공원지기의 애정 그리고 그 애정에 보답하듯 예쁘게 자란 나무와 꽃 그리고 갖가지 조각품, 무엇 하나 손색이 없는 아름다운 곳이었다.

담배 생각에 차를 마셨는지, 안 마셨는지…….
담배를 피우고 싶어 이리저리 담배 피울 공간을 찾았다.
쓰레기통은 있는데, 담배를 피워도 될 듯한 공간인데 주변 나무와 꽃에 담배 연기가 날아갈 생각에……. 에구~~~. 뻔뻔한 '골초아저씨' 도 담배 한 개비 피우는 사이 잠시 멈칫하며 자연, 그들에게 미안한 생각을 했다.

'세월의 끈'은 먼저 잡는 사람이 임자다

세월 참 빠르다. 내일이면 6월의 시작이니…….

5월은 잔인하게 내 가슴에 비석 두 개를 남긴 채 그렇게 지났다.

비석 1개는 어머니 비석이요, 1개는 故 노무현 대통령님의 비석이다.

세상에서 가장 존경하는 두 분을 지켜드리지 못해 죄송한 마음뿐이다.

울면서 두 분을 보내는, 아니 놓아드려야 하는 아픔.

5월은 그렇게 가슴 아프게, 잔인하게 두 분을 가슴에 묻는 달이었다.

두 분께서 남기신 유언대로 살아가라는 숙제를 남긴 채…….

6월은 '빡세게' 살련다.

나의 존재감이 무언인지, 정체성이 무언인지…….

너무나 나 자신에 대한 지나친 겸손(?)함으로 나의 능력을 과소평가하는 마음의 덫을 걷어 치워야겠다는 마음뿐이다.

스스로 자신의 능력에 대해 겸손하다보니 할 일을 많이 빼앗긴 채 젊은 날을 보내왔다. 이대로는 아니 되겠다.

두 분과 이별하면서 많은 것을 배웠다.

살아생전 내가 할 일이 무엇인가도 배웠다.

그동안 풀어져 있던 끈을 감고 다시 두 분께서 원하시는 뜻을 향해
실타래를 풀 듯 성공의 끈을 풀어야 하겠다.

6월은 조용히 시작하련다. 하지만 가볍게 넘기지는 아니하련다.
빡세게 해야 할 일들을 찾아 보내련다.
일요일임에도 결혼식장에 갔다가 사무실에 들러 6월 맞을 준비를
했다.
20여 개 되는 화초에 물을 가득 주었다. 사무실 이곳저곳에 걸려
있는 달력을 뜯었다. 직원들 출근카드를 새로 만들고 칠판에 날짜도
바꿨다.
6월은 5월의 아픔을 되새기며 멋있게 살련다.
그러기에 남보다 한 발 앞서 두 팔 벌려 6월을 맞이하려 한다.
'시간의 끈' 은 먼저 잡는 사람이 임자려니 하고…….
'세월의 끈' 은 먼저 잡는 사람이 임자려니 하고…….

성공하는 남자의 멋진 6월의 파이팅을 기대한다.

365일의 사색

하루를 반성해 본다.
자신을 향해 묻는다.

'너는 1년 365일 중 남에게 웃음과 행복을 준 날이 며칠이나 되냐?'

자신은 대답을 하지 못하고 있었다.
오늘은 부끄러운 하루인 것 같다.

뒤를 볼 수 있는 눈을 가진 자가 성공한다

왜 이럴까?

왜?

왜?

살다보면 의문부호를 달 때가 많다.

자기는 열심히 했는데 왜 그런지 모르겠다고 한다.

자기는 뼈 빠지게 일했는데 너무 하지 않느냐고 따진다.

자기가 그렇게 사랑했는데 그럴 수 있냐고 한다.

그리고 나서 원망한다. 포기한다.

그러나 그 모든 것은 욕심이다.

지나친 욕심이다.

열심히 일했는데 결과가 엉망이다.

먼저 '열심히 일하면 다 된다' 는 생각을 버려야 한다.

뼈 빠지게 일했는데 보답이 돌아오지 않는다고 투덜댄다.

누가 뼈 빠지게 일하라고 얘기한적 있냐? 묻고 싶다.

뼈 빠지면 산재(産業災害)사고다.

열심히 일한다는 것은 자신의 미래를 위해 하는 것이지 회사를 위해
일한다는 착각을 버려야 한다.

자기만 상대방을 열렬히 사랑했다고 삐치지 마라.

상대방도 네가 베푼 사랑보다 더 사랑하였는지 모를 일이다.

모두 다 욕심이다.

지나친 욕심이다.

모두 다 뒤를 볼 수 있는 눈이 없기에 모를 뿐이다.

미워하지 마라. 원망하지 마라.

모두 다 내 눈이 어두워서 보지 못한 것일 뿐 자기가 보는 것이 전부가 아니라는 사실이다.

자기 자신도 다 볼 수 없는 게 인간이다.

보이는 눈만 가지고서는 자신의 신체를 다 볼 수 없다.

하물며 상대방의 뒷모습, 상대방의 마음을 헤아리기란 결코 쉬운 일이 아니다.

뒤를 볼 수 있는 혜안(慧眼)*이 부족한 것을 원망하자.

상대방을 바로 볼 수 있는 심안(心眼)**이 부족한 것을 탓해야 한다.

원망하고 탓할 대상은 남이 아니라 나 자신이란 사실을 알 때 일도 사랑도 내 것이 된다.

鐵든 놈은 말한다.

---

*혜안(慧眼) : 총명한 기운이 서린 눈, 우주의 진리를 밝게 보는 눈
**심안(心眼) : 사물을 살펴 분별하는 마음의 힘이나 또는 그 작용

자고로 눈에 보이지 않는(Invisible) 현상을 보려 애쓰는 놈이 언제나 눈에 보이는(Visible) 현상만을 집착한 놈을 이기고, 또한 더 월등하게 성공하였다는 것을…….

마중물을 준비하는 심정으로

어릴 적 고향에서 뛰놀던 어린 시절이 생각난다.

친구들과 신나게 공을 차고 우물가로 향하면 펌프가 놓여 있었다.

급한 마음에 펌프질을 해보지만 물이 나오질 않는다.

파킹이 낡아 피식피식 공기만 새어나올 뿐 펌프 압축이 되질 않는다.

잽싸게 물을 한 바가지 붓고 빠른 속도로 펌프질을 한다.

물이 콸콸 쏟아진다.

예부터 집에 손님이 오면 주인이 정중하게 마중을 나가는 게 예의였다.

수도가 없던 시절 펌프로 물을 끌어올릴 때 한 바가지 정도의 물을 펌프에 붓고 펌프질을 하듯 우리가 원하는 성공도 마찬가지란 생각이 든다.

물이 필요하다고 해서 죽어라 펌프질만 하는 놈은 미련한 놈이다. 또한 성공이 절박하다고 해서 무조건 힘만 쓰는 놈 역시 미련한 놈이다.

아무리 목이 타고 물이 급하다고 해도 당장 필요한 것은 마중물을 먼저 붓고 펌프질하는 사람이 물을 빨리 먹을 수 있듯이 성공도 마

찬가지로 성공의 마중물을 먼저 예비하고 쏟아 붓는 자가 원하는 목
표를 보다 빨리 이룰 수 있다.

　　내게 있어 성공의 마중물은 '성공의 5가지 끈' 이라 생각한다.
　　성공의 5가지 끈을 곁에 두고 필요할 때마다 마중물을 붓듯 활용
한다면 원하는 성공을 쉽게 이룰 수 있으리라 생각한다.
　　따라서 성공은 오랜 세월을 두고 5가지 끈을 부단히 갈고 닦은 자
의 선물이 될 것이기 때문이다.

Part 5. 가족과 함께 떠나는 행복여행

[내 마음의 여백]

남들은 도화지에 무언가 그려 넣으려 하지만, 내 마음의 여백은 그냥 남겨두기로 했다.

오히려 그곳에 나를 닮은 아담하고 예쁜 '그네 의자'를 만들어 두고 싶다.

누군가 편히 들어와 '그네 의자' 위에서 편히 쉴 수 있다면 진정 그것이 나의 행복일 테니 말이다.

남들은 애써 꽉 찬 저금통에 억지로 돈을 구겨 넣으려고 하지만, 나는 반쯤 찬 저금통을 한번 흔들어 보고 딸랑거리는 소리를 듣고 싶다.

내 마음의 여백은 언제나 반쯤 남겨두고 싶다.

누군가 소리 없이 들어와 나의 친구가 되고, 세상사 가슴 아픈 이야기를 서로 주고받으며 하얀밤을 지새우고 싶기에……

고마운 손의 주인은 누구인가?

과로, 스트레스……. 요즘 업무에 지친 기색이 역력하다.

과민성 대장 증상인가? 몸 생각하지 않고 업무를 보다보니 스트레스를 받았나 보다. 제일 먼저 장(腸)이 눈치를 챈다. 화장실에 들어갔는데 짜증부터 난다. 손 닦는 휴지가 대여섯 장 널브러져 있다. 기분이 상한다.

볼일을 마치고 나오니 지저분하던 화장실이 깨끗하다. 기분이 갑자기 좋아진다. 아니 이런 일이……. 조금 전 인기척은 있었지만 떨어진 휴지를 이렇게 깔끔히 치운 그 고마운 손이 누구일까? 고개를 빼꼼히 내어 보지만 아무도 없다.

타인을 위하여 배려하는 마음가짐으로 눈에 보이는 지저분한 것을 치울 줄 아는 아름다운 손, 그 사람은 성공인자를 많이 가진 분일 거란 생각을 했다.

진정성이 느껴져야 단골이 된다

서비스의 눈으로 서비스를 바라보면 서비스가 보인다. 요즘 가끔은 서비스 때문에 짜증이 날 때가 많다. 때로는 '내가 왜 서비스를 전공을 했나' 후회 아닌 후회를 할 때가 있다. 그러나 서비스를 알고부터 나의 경제적인 여건이 좋아지고 보니 참 다행스럽고, 고마운 생각이 들 때가 많다.

대한민국은 서비스 강국이 되어야 한다. 개인 역시 서비스로 무장하여 서비스 전도사가 되도록 해야 한다. 자기 자신에, 자기 가정에, 자기 회사에 질 좋은 서비스를 제공하지 못한다면 그 사람은 불행한 사람이다.

지금의 낡은 옷을 벗어버리고 '서비스' 란 새 옷으로 갈아입자. 옷을 입으면서 반쯤 성공하는 옷은 서비스밖에 없다. 돈 안 들이고 세상에서 가장 멋진 옷을 입는 게 바로 '서비스' 란 옷이다.

자영업, 즉 거리경제에 있어서 중요한 성공 법칙이 있다. 바로 이것은 단골손님의 확보다. 그렇다면 '단골손님은 어떻게 확보를 할 거냐' 라는 문제가 따른다. 단골손님을 확보하는 방법은 여러 가지가 있다. 그 중에 제일은 '서비스' 란 생각이 든다. 앞서 '서비스의 눈으로 서비스를 바라보면 서비스가 보인다' 라고 했듯이 '고객의 눈으로 고객을 바라보면 고객이 보인다' 는 사실을 알면 단골손님은 늘어나고 사업은 훌륭하게 성공할 것이다.

　백 번을 말해도 서비스가 중요한 것은 사실이다. 그러나 여기에서
한 가지 잊지 말아야 할 것이 있다. 그것은 바로 '진정성' 이다. 아무리
서비스가 강해도 진정성이 없으면 단골도 없다는 사실이다.

내 주변의 사람들을 즐겁게 하라

‘사람을 안다’ 는 것, ‘사람을 만난다’ 는 것……. 그것은 참 행복한 일이다. 우리는 날마다 만남이란 인연을 반복하며 살아간다. 그러기에 내 주변의 만나는 사람을 즐겁게 할 수 있다면 이보다 더한 행복감은 없을 것이다.

때로는 사람 때문에 고민하고, 때로는 원망도 하고, 더러는 미워하면서 살아간다. 하지만 어디 다 내 맘 같으랴! 그렇지만 모두 품어야 한다. 살면서 모든 인연을 지혜롭게 다스리지 못한다면 행복은 저만치 달아나 버리는 속성을 가지고 있다. 좋은 사람만 만나 행복하게 살았으면 하는 것은 욕심이다. 때문에 성공한 사람들은 나로 하여금 내 주변 사람들이 즐거워하는 일을 찾는 일에 게으름을 부리지 않는다. 내가 먼저 돌멩이를 던져야 물의 파동이 일어나는 것처럼 주변 사람을 위해 내가 먼저 헌신하는 습관을 길러야 한다. 그래야 주변 사람도 즐거운 법이다. 주변 사람들이 즐거워할 때 비로소 내가 행복할 수 있기에 말이다.

공자는 ‘가까운 사람을 즐겁게 해주는 것이, 먼 곳에 흩어져 있는 인재를 불러 모으는 비결’ 이라고 했다. 나는 말하고 싶다. ‘가까운 사람을 즐겁게 해주는 것이, 세상에 흩어져 있는 행복을 불러 모으는 비결’ 이라고…….

사랑은 제비 다리 고쳐주는 흥부의 마음

사랑은 조건 없이 주는 게 사랑이다.

떠나는 사람일지라도 조건 없이 주는 게 사랑이다.

사랑은 조건 없이 주는 게 사랑이다.

아무리 준다 해도 부족한 게 있다면 그것이 사랑이다.

사랑은 제비 다리 고쳐주는 흥부의 마음과 같은 것이다.

흥부가 제비에게 사랑을 베푸는 것은 목적이 있어서가 아니다. 원하는 것이 있어서가 아니다. 단순히 다친 제비가 다시금 창공으로 날 수 있게 아픈 다리를 치료하는 것이다.

원하는 것이 있다면 이미 그것은 사랑이 아니다.

그것은 보이지 않는 거래일 뿐이다.

이 땅에는 다리 부러진 제비가 많다는 것을 느낀다.

그래서 할 일이 많은 것 같다.

인연, 다양한 채널로 수놓아라

우리는 살아가면서 무수히 많은 사람과 인연이 되어 만난다. 우연이나 필연으로, 원하든 원하지 않던 많은 만남을 영위하며 살아간다. 어찌 보면 인간의 만남은 공기와 같아서 만남을 피할 수도 그렇다고 멀리할 수도 없다. 더불어 살아가야 하는 운명이기에 이왕이면 좋은 사람을 많이 만나고 좋은 사람과 많이 교류하면서 사는 것이 상책이다.

그렇다면 어떤 사람을 만나고 어떤 사람과 교류해야 좋은가?

내 생각으로는 좋은 사람은 자신의 키를 뒤돌아보면 알 수 있다. 자신의 키 높이만큼 만나며, 만나는 수준 또한 같은 것이다. 자신의 키를 높인다는 것은 '사회적으로 성공한다는 것' 을 의미한다. 부지런하고 성공한 사람 곁에는 대체로 바르게 사는 사람, 열심히 노력하는 좋은 사람들이 곁에 있다. 그러나 게으르거나 실패한 사람의 곁에는 한탕주의에 목마른 허황된 사람들이 많다.

'끼리끼리 논다' 는 옛말이 있다. 이처럼 인간이 열심히 노력해서 성공하고자 하는 이면에는 좋은 사람과 다양한 채널로 삶을 풍요롭고 보다 행복하게 영위하고자 하는 인간의 속성이 내재되어 있다.

성공은 또 하나의 선물을 준다. 그것은 좋은 사람을 바로 볼 수 있는 눈(目)을 준다는 것이다. 관상쟁이는 아니더라도 사람 보는 눈 또한 성공의 크기와 무관하지 않다는 것이다. 이래저래 보아도 '성공' 이 맛있는 음식처럼 달콤한 이유도 다 그 때문일 것이다.

음식은 많이 먹으면 콜레스테롤이 증가하여 비만이나 성인병을 유발하게 하지만, 좋은 사람을 많이 만날수록 인생이 포동포동하게 살찌며, 좋은 사람들과 함께 더불어 건강하고 행복한 인생을 영위할 수 있는 보약이란 사실을 잊어서는 아니 되겠다.

달빛에 비춰 봐도 예쁠 것 같은 사람……

칭찬은 고래도 춤추게 한다더니……. 난데없는 말 한마디를 들었다.

모처럼 은사님 생각에 학교를 찾았다. 교수님과 조교 그리고 박사과정을 공부하는 후배와 함께 식사를 하게 되었다. 서빙을 하던 아주머니가 무척 친절하게 대해 주던 터라 분위기는 좋을 수밖에…….

한참을 잘 서빙하던 아주머니가 나를 보면서 한마디 하신다. "음……. 손님은 달빛에서 봐도 너무 예쁠 것 같다"고 말씀하신다.

나는 귀를 의심하며 "하하. 정말요……. 감사합니다……. 그런데 조금 전 뭐라고 말씀하셨어요?"

아주머니는 내 얘기를 몰라라 한 채 뒤돌아서 말씀하신다.

"달빛에서 봐도 예쁠 것 같다고요~."

내 나이에 그런 말은 처음인 듯싶다. 간혹 인상 좋다는 얘기는 들었어도 예쁘다는 얘기를 들었으니……. 거기에 '달빛에 비추어 봐도' 라는 얘기는 나를 멍하게 했다. 덕분에 우리 일행은 한바탕 기쁜 웃음을 지을 수 있었다.

좋은 말을 들어 기분은 좋았지만 식사를 마치고 이런 저런 논쟁의 끝은 언제나 그렇듯 나에게 많은 반성의 시간을 주었다. 좀 더 겸허해지자. 좀 더 말 수를 줄이자. 아직은 부족함이 많은 사람임을 자각하자. 어떠한 위치에 오를수록 더 겸손해져야 하는데 바른말을 너무 쉽게 내뱉는 것 아닌가!' 하는 생각에 집으로 향하는 발걸음이 무거웠다. 말로만이 아닌 정말 '달빛에 비춰 봐도 투명하고 겸손한 나의 모습이었으면 좋겠다' 라는 반성의 시간……. 아파트 단지의 떨어진 낙엽, 싸늘한 바람이 오늘따라 내 모습처럼 무척이나 외로워 보였다. 에고, 언제나 철들까?

노후보험이나 연금보다 더 좋은 게 친구다

가을비는 외로움을 동반하고 내리는 걸까? 왠지 가을비가 내리면 외롭고 쓸쓸함을 느낀다. 오늘도 예외는 아닌 듯……. 그렇게 하루가 갔다.

저녁 퇴근 무렵 한 통의 전화가 왔다. "별일 없냐?" 하는 힘없는 목소리의 변호사를 하고 있는 친구의 목소리다.

"어……. 그런데 왜 힘이 없어?"

"그냥……. 괜히 그렇다."

그날 저녁 우리는 김치전에 소주 한잔하며 그동안 못한 이야기보따리를 풀었다.

서로의 취기가 오른다. 좋은 시간을 보내고 헤어질 무렵 친구는 내 손을 꼭 잡으며 한마디 한다.

"오늘은 친한 고등학교 친구 녀석 때문에 하루 종일 우울했었는데 너를 만나 이야기하다 보니 기분이 쫙 풀린다. 고맙다야 친구야~!"

내 눈을 쳐다보며 이야기하다 불쑥 나를 껴 앉는다. 그러면서 또 한마디 한다.

"야~, 너……. 우리 처음 만날 때 '니가 늙어서 내 노후보험이 되어주겠다' 던 그 말 생각나니?"

"나는 니가 말한 그 말 생각하면 힘이 나고 그때마다 좋은 친구가 곁에 있어 행복한 느낌이 들더라……. 너무 고맙다."

그러면서 있는 힘껏 나를 꼭 껴 안는다. 친구와 헤어져 터벅터벅 집을 향해 걸었다.

갑자기 가수 안재욱 씨의 '친구'라는 노래가사가 떠오른다.

"어느 곳에 있어도 다른 삶을 살아도 / 언제나 나에게 위로가 돼 준 너 / 늘 푸른 나비처럼 항상 변하지 않을 / 널 얻은 이 세상 그걸로 충분해 / 내 삶이 하나듯 친구도 하나야~."

다리를 태우지 마라

‘먼저 인간이 되어라.’ 살면서 수없이 들어본 말이다. 그 말을 수없이 들었다는 것은 그만큼 중요하다는 이야기가 된다. 학교 다닐 때부터 인성교육이 잘된 사람이 리더가 될 수 있고 성공할 수 있기에 인성교육이 중요한 부분을 차지한다고 본다. 인성교육은 선택과목이다. 그러나 이 사회가 필수과목 이상의 엄격한 잣대를 들이대는 이유는 무엇일까?

아무리 공부를 잘하고, 능력이 뛰어나다 해도 마음의 바탕이 바르지 못하고, 인간 됨됨이가 덜된 사람은 사회에서 대접을 받을 수 없다. 인성교육이야말로 자아실현을 위한 가치교육임과 동시에 도덕적인 삶을 추구하기 위한 도덕교육이기 때문이다.

이러한 인성의 바탕 위에서 인연의 사슬을 엮어나가는 사람이 현명하다. 인성이 잘 갖춰진 사람들은 주위에 사람이 많다.

그러나 인성이 바르지 못한 사람 곁에는 사람이 없다. 인성이 바르지 못한 사람은 타인을 진정으로 배려하고 존중하는 자세를 갖기 어렵기 때문이다.

"Do not burn the bridge." 말 그대로 ‘다리를 태우지 말라’ 는 뜻이다. 인성이 부족한 사람은 인간관계에서도 극단적인 상황을 만들어 다리를 태워버리지만 인성이 바른 사람은 다리를 태우지 않고 멀리 두는 습관을 가지고 있다. 따지고 보면 바른 인성과 인연의 소중함을 아는 사람만이 리더가 될 수 있고, 그런 사람만이 이 사회에서 요구하는 상생과 협력의 리더십을 이끌어 낼 수 있는 사람들이기 때문이다.

21C를 이끌어갈 미래형 인재는 '바른 성공의 습관', 즉 인성의 모토(motto) 위에서 좋은 인간관계를 끊임없이 가꾸어 나가는 사람들이 아닐까? 하는 생각을 해본다.

도둑고양이처럼 출근하던 날

아침에 모닝콜이 울리는데도 아내는 인기척이 없다.

어젯밤 술을 마시고 늦게 들어갔더니만 새벽에 남편 코고는 소리 때문에 아이들 방으로 피신한 모양이다. 다른 날 같으면 일찍 일어나 밥과 보약을 챙겨주고 단정하게 옷가지를 챙겨줄 시간인데 오늘은 왠지 인기척이 없다. 어제 저녁에도 그랬던 것처럼 몸이 좋지 않은 모양이다.

열심히 남편과 아이들 뒷바라지를 하며 보낸 20년의 세월, 말 그대로 갱년기 증상이 아내를 힘들게 하는 모양이다.

아침도 거른 채 현관문을 빼꼼히 열고 도둑고양이처럼 집을 나섰다. 좀처럼 보기 드문 일이었다. 여느 때 같으면 엘리베이터 앞까지 나와 웃음으로 배웅하던 아내가 '몸이 얼마나 안 좋으면 그랬을까' 하는 걱정이 앞섰다.

출근을 했지만 자다 일어난 고양이처럼 아침 업무를 보았다.

와이프 얼굴이 서류에 아롱거리는 듯한 환상, 마음이 아팠다. 혹시나 지금은 일어났는지? 몸은 괜찮은지? 궁금해서 전화기를 들었다.

"미안해. 오늘은 빨리 들어갈게……. 에구, 몸도 안 좋은데……. 내가 늦게 들어가는 바람에 잠도 푹 못자고……."

미안한 마음을 전했다. 그러자마자 한마디가 날아온다.

"아이고 내가 미쳤나봐. 출근하는 것도 못보고……. 내가 미안하지……."

서로 미안해하는 마음……. 한동안 우리는 아무 할 말이 없었다.

또 한 번 도둑고양이처럼 출근하던 날 덕분에 새록새록 피어나는 부부의 정을 느낄 수 있어 행복하다. 장맛비가 스쳐간 하늘이라 그런지 오늘따라 태양 볕은 더 뜨겁다.

오늘은 빨리 들어가야지…….

그대를 위한 그늘을 만들며……

영혼의 쉼터

엄마 품처럼 편하고 포근한 그곳에서

그대 오거든 편히 쉬게 하고 싶다.

포근하고 아름다운 그곳에서

세상에 그저 단 한번이라도

만사 잊고 드러누워 보라고…….

아름다운 나무되어

그대 쉴 수 있는

그늘이 될 수 있다면…….

마음 아플 때면 꼭 다짐하곤 했었다.

지금부터 나무를 심겠다고…….

몇 번이고 다짐하고 또 다짐했었다.

그러나 아직도 태양 빛을 가리지 못한다.

이러다 세월 가면

그대 오는 날 무어라 변명할까?

아름다운 나무되어

그대 쉴 수 있는

그늘이 될 수 있다면…….

해가 바뀌어도 변치 않는 우정

어제 1월의 마지막 토요일 지인들과 '신년타' 골프를 했다. 그동안 2달 넘게 골프채를 잡지 않은 탓에 '오늘은 공깨나 주우러 다니겠구나' 생각했는데 예상외로 트리플보기를 2개씩 치고도 87개를 쳤으니 기분이 좋았다.

수년간을 좋은 사람들과 변함없는 우정으로 다시 만날 수 있다는 게 참으로 감사한 일이다. 더욱이 해가 거듭될수록 서로가 강한 신뢰와 더 끈끈한 정으로 만남의 인연을 오래 가져간다는 것은 행복한 일이라 하겠다.

아직도 필드에는 잔설이 남아있고, 잔디 밑바닥은 꽁꽁 얼어붙었어도 우리의 훈훈한 만남은 18홀 내내 잠시도 웃음을 멈추지 않게 했다. 그늘 집에서 맛보는 따뜻한 어묵 국물과 정종 한잔……. 약속이나 한 듯 "캬~" 하고 반응을 한다. 그간 이 맛을 보고파서 어치들 참았나? 암튼 이렇게 좋은 만남, 세월이 흘러도 영원히 변치 않았으면 싶다.

못생겼으면 개성이라도 있어야 한다

　하루의 회사 일과를 마치면 허기진 배는 맛있는 음식을 달라고 보챈다. 순식간에 약속 장소에 달려간다. 처음 들어간 식당 출입구부터 청결하지 못하다. 음식이 나왔다. 아무리 배고파도 입맛은 정직한데 음식 맛이 별로다. 어쩔 수 없이 그렇게 한 끼를 때웠다. 오늘은 오랜만에 만난 사람들이라 그런지 이야기가 길어진다.

　봄 날씨지만 저녁에는 쌀쌀해서 그런지 식당에 손님이 별로 없다.

　아줌마를 불렀다.

　"죄송하지만 여기 커피 4잔만 주실래요?"

　"여긴 셀프예요."

　내 키 닮은 짤막한 대답이 싸늘하게 튀어나온다. 손님도 없는데 기가 막혔다. 할 말이 없었다.

　"셀프……. 아! 예……. 됐어요."

　우리 일행은 식당을 나와 근처의 커피숍으로 향했다. 일행들에게 내가 미안했다. 우리 동네인데…….

　맛, 청결, 서비스 3박자는 다 못 갖춰도 좋다. 다만 손님의 마음을 사로잡는 그 무언가는 보답해야 단골이 된다. '한 번 찾은 발걸음 다시 찾게 만드는 게 중요한데……' 하는 아쉬운 생각이 들었다.

큰아들 유학 떠나던 날

자식을 기르면서 이렇게 마음이 심란한 적이 없었던 것 같다.

자식이 유학 간다니 마음이 좀 허한지 엊저녁에는 떠나는 아들 녀석과 같이 한번 자보고 싶었다. 하지만 그것은 나의 희망 사항일 뿐……. 사실 사업한다고 현실에 쫓기다보니 자녀들과 대화할 시간도, 자녀들과 언제 자봤는지도 기억이 없다.

아마도 초등학교 때는 같이 잠도 잤지만 중학교에 들어가면서 같이 잠잔 기억이 없는 것 같다. 아침에 일어나보니 녀석은 엄마하고 함께 잤나보다.

나는 그래도 덤덤한데 와이프는 아이 떠나는 게 무척이나 걱정이 되는 듯하다.

한 가지라도 더 챙겨주려고 실랑이하는 모습을 보았다. 아이는 귀찮아한다. 부모의 마음을 아는지 모르는지…….

아이는 잠시 후면 낯선 미국으로 떠난다. 미국에 가서 언어도 중요하지만 그들이 왜 잘사는지, 그리고 그들을 이기려면 무엇을 공부해야 하는지 잘 배워왔으면 싶다.

글로벌 시대에 글로벌 인재가 되어 국가와 사회를 좀 더 건강하게 발전시킬 공부를 하고 왔으면 하는 바람이다. 미국에 가서 더 많은 ‘꿈’도 꾸어왔으면 좋겠다.

꿈이 없이 소박하게 자라려는 아들이다. 그것은 아니 될 일이다. 그렇지만 안 그래도 주입식 교육에 지친 아이에게 꿈도 주입식으로 줄 수는 없지 않은가! 스스로 꿈을 키우고, 그 꿈을 향해 도전하려는 의지도 함께 가져왔으면 좋겠다. 부디 건강하게 잘 배우고 돌아와 장차 대한민국 차세대 리더로서 바르게 컸으면 하는 바람을 가져본다.

부디 아빠가 심어주지 못한 꿈, 미국에 가서 큰 꿈으로 가지고 돌아오거라.

사랑한다, 아들아…….

큰아들 유학 보내고……

가슴이 답답하다.

이럴 때를 두고 '가슴이 미어진다' 고 표현하는 모양이다.

큰아이가 유학 떠난 2009년 3월 1일, 그러니까 10일이 지났다.

말이 10일이지 내 가슴은 그저 한 달 아니 1년은 된 것 같다.

뉴욕으로 떠난 녀석은 아직까지 소식 한 번 없다.

자기 엄마한테는 이것저것 부탁할 것도 있고, 돈도 받아야 하니 연락을 하는 것 같다. 그러나 나에겐 연락이 없다. 많이 서운하다. 괘씸한 생각이 들다가, 바빠서 그러겠지…….

혼자 맘을 달랜다. '자식새끼 키워봤자 헛것' 이라더니…….

그나저나 큰일이다. 보름 있으면 작은아이마저 유학을 떠난다.

'그 녀석마저 또 연락 안하면 어쩌나' 하는 우려가 한숨 되어 나온다.

요사이 며칠 에세이 발행한 것 때문에 와이프와 말다툼을 했던 터라 새끼들이라도 내 마음을 이해해주었으면 하는 바람이 있었건만, 그 바람 역시 나의 헛된 욕심으로 끝나버렸다. 적지 않은 충격이다. 며칠을 술도 마셨다. 몸마저 술을 받아들이지 않는다. 피난처도 없다. 돌파구도 없다.

더더욱 화가 나는 것은 이 때문이 아니다. 그러니까 IMF 시절 한때의 어려움을 빨리 극복하고 싶은 욕심에 그동안 가족과 너무 떨어져 있었나 보다. 그 외로운 짐을 혼자 메고 달렸다. 무려 10년의 세월이 다. 10년의 세월 나는 일에 매달려 묵묵히 한길만을 걸어 왔다. 그렇지 만 혼자 짐을 메고 달려온 사이 가족들은 많이 소원했던 모양이다.

혹시나 벨이 울릴까봐 전화기를 붙여 놓고 사는 애비의 심정을 아는 지……. 오늘도 서울 거래처를 갔다 오면서 아들 녀석 생각만 났다. 작은 녀석이라도 목소리 한번 들어볼까 해서 전화를 했다. 전화를 받지 않는다. 영어수업 중인 모양이다. 잠시 멍해져 운전하다 보니 그 사이에 작은 녀석 전화가 왔었나 보다. 부재중 전화가 와있다. 아차! 싶어서 다시 전화했다. 또 안 받는다. 또다시 수업을 시작한 모양이다. 혹이나 아이 신경쓸까봐 조심스럽게 문자를 보냈다.

"수업중인 모양인데 미안하구나. 아빠 서울 가는 중에 광이 목소리 한 번 듣고 싶어 전화했어……. 열심히 해라."

문자를 보내고 혹시나 과외 끝나면 전화 한 번 오려나 내심 기다려진다.

내려오는 길에 가슴이 미어졌다. 역시나 전화가 조용했다. 그러는 사이 회사에 도착했다. 요즘 들어 업무도 많이 빠뜨린다. 정신이 나간 모양이다. 멍하니 있는데 한 통의 전화가 왔다. 전화기를 들어보니 발신번호가 000-0000이다. 예전 같으면 받지 않는 스팸이다. 하지만 지금은 다르다. 혹, 미국에서 큰 아이가 전화했을 수도 있지 않은가!

무작정 전화를 받았다.

"여보세요……."

그러자 낯익은 음성이 들린다.

"안녕하세요. 우체국입니다……."

아뿔싸 스팸이다……. 스팸…….

어이가 없었다. 화가 났다. 전화기를 내던져버리고 싶었다.

직원들 눈치챌까봐 조용히 옆에 있는 빈 사무실로 갔다. 줄담배를 피웠다. 마음이 답답하다. 세상을 잘못 살았던 걸까? 아니면 일시적인 현상일까? 내가 왜 이렇게 약해졌을까? 정답이 없다. 어둠이 내린다. 찌긋찌긋 머리가 복잡하다. 아~!

참자. 그리고 이겨내자. 이제 시작인 걸…….

외롭게 서있는 여자

어느 한 행복한 가정이 있고 그 가정의 한 모퉁이에는 집안 식구 모르게 외롭게 서있는 한 사람이 있다. 바로 그 사람이 우리들의 아내다. 흔하게 부르는 우리네 아줌마들이다.

대한민국 남성들, 아니 남편들에게 고한다. 제발! 우리네 집안 한 모퉁이에 외롭게 서있는 사람, 그 사람을 따뜻하게 사랑스럽게 대하자고……. 아내들은 말 못해서가 아니다. 할 일이 없어서도 아니다. 그들이 외로워할 수밖에 없는 이유는 남편 그리고 아이들이 있기 때문에 참고 또 참으며 고통의 세월을 살고 있는 것이다.

그들은 바보가 아니다. 단지 집안에서 바보인 척하는 것이다.

남편을 내조하고, 아이들을 보살피고, 그들은 아무 조건 없는 사랑을 베풀었건만 남는 것은 오직 집안 한 켠에서 외롭게 서있을 뿐이다.

주위에 보면 외로움에 지친 분들을 많이 볼 수 있다. 나 역시 반성하고 또 반성한다.

남편은 남편대로 자기 잘났다고 한다. 아이들은 컸다고 엄마 알기를 우습게 안다.

이제 살만하다 싶으면 아내는 외롭다.

하늘 떠받치듯 모셔도 시원치 않다.

공주 모시듯 모셔도 성에 차지 않는다.

그러나 정작 아내들은 하늘 떠받치듯, 공주 모시듯 대우받기를 원하지 않는다. 단지 자신의 존재만을 인정해주고 말 한마디 따뜻하게 대해주길 원한다.

그러나 그것마저 공허한 메아리로 날아가 버리고 외로움에 떨고 있다.

이제 남편들이 다가설 차례다.

지금껏 아내가 가족을 위해 달려온 그 길을 남편이 걸어야 한다.

한 가정이 행복하려면 가족구성원 모두가 외롭지 않아야 한다.

가족 행복, 그 사각지대에 꼭 아내가 따라온다는 사실을 알아야 하겠다.

사각지대는 백미러로도 보이지 않는다. 백미러가 보이지 않을 때는 룸미러나 보조미러로 주위를 살피듯 아내를 향한 세심한 배려와 격려가 필요한 때이다.

언제나 그랬듯 나의 이룸도, 자녀의 성공도 모두 다 아내덕인 걸…….

이제껏 모르고 살아온 세월, 후회보다는 지금이라도 다가선다면 모든 것을 이해하고 남을 아름다운 마음을 가진 게 바로 우리들의 아내다.

내가 아니면, 우리네 남편들이 나서지 않으면 외롭게 서있는 내 아내 누가 위로해 주겠는가!

자식 위해, 남편 위해 오직 한길만을 걸어온 죄밖에 없는 사람, 이제야 웃을 수 있게 관심과 사랑을 베풀어 주어야 하겠다. 남편에게, 자식

에게 상처받은 가슴, 이제라도 사랑의 붕대로 칭칭 감아준다면 당신은
웃겠지…….

　미안해! 여보.

　그동안 바삐 살아오느라 챙겨주지 못한 지난 세월을 반성하며…….

　　　　　　　　　　당신을 사랑하는 남편이…….

좋은 아버지로 돌아가야겠다

돌이켜보면 지난 세월이 너무나 감사하다. 나에게 너무나 큰 행복의 선물을 남겨준 것 같다. 주위 분들이 시샘할 만큼, 부러워할 만큼 훌쩍 커버린 행복……. 그 행복에 사로잡혀 있다.

세상에 태어나 단 하나 '성실하게 열심히 노력하면 원하는 모든 것을 다 이룰 수 있다'는 하나의 이정표를 세운 것 같아 기분이 좋다. 그러나 여기에서 만족하고 현실의 행복 속에 그저 비틀거리고 싶지는 않다. 그것은 내가 원하던 모든 것을 이루었다고 생각하는 것은 참으로 어리석은 내 일이요, 이는 '성공의 함정'에 빠지는 길이라는 것을 알기 때문이다.

"행복하다고 행복을 소유하려는 마음은 결국 행복의 노예가 된다"는 법정스님의 말씀이 생각난다. 거울을 보니 나도 흰 머리가 제법 많이 생겼고, 아내 역시 눈가에 세월의 흔적이 묻어 나온다. 지난 세월을 뒤돌아보니 나도 모르게 만 10년이 훌쩍 지났다. 사업상 어려웠던 질곡의 세월 때문에 시간 가는 줄 모르고 살아왔나 보다. 이제는 보다 여유로운 마음으로 주변을 살필 나이가 되어버린 듯하다.

그동안 내가 부족했던 많은 부분들……. 그 중에 하나는 온전한 아버지의 역할이라 생각한다. 지금은 부족했던 그 부분을 찾아 겸허하게 나서는 지혜로움이 필요한 때라고 생각을 한다.

'일과 배움' 이란 우선순위 앞에서 늘 뒷전으로 외롭게 밀려 있었던 아버지의 역할……. 이제부터라도 일에 빠져, 배움에 미쳐서 다하지 못한 온전한 아버지 노릇을 제대로 한번 해봐야겠다.

뒤늦게나마 가족을 먼저 생각하는 남편의 모습으로, 좋은 아버지의 모습으로 돌아가려는 마음이 있어서 그런지 마음이 봄을 맞은 것처럼 행복하다. '남자가 나이 먹으면 가정으로 돌아온다' 는 말이 생각나는 오후다. 학창시절 밀린 숙제하듯 그간 다하지 못한 남편의 역할과 좋은 아버지의 모습을 찾아 뚜벅뚜벅 아버지의 길을 걸어야겠다.

처음으로 위(胃) 내시경 하던 날

나이 50에 난생 처음으로 위(胃) 내시경 검사를 했다.

나도 이제 나이를 먹은 듯하다. 만나면 주류가 건강 이야기가 많아지니 말이다.

며칠 전 평소 친하게 지내던 지인이 회사를 방문했다. 이것저것 얘기하던 차에 나이 50이 되도록 병원 건강검진 한 번 받지 않았다고 말하는 나를 이상한 눈으로 쳐다보았다. 그날 나는 지인의 강압에 못 이겨 난생 처음으로 병원에 예약을 했고, 결국 오늘 반강제(?)로 검사를 받게 되었다.

병원으로 향하는 동안 그리고 병원 문으로 들어가는 동안 그동안의 일들이 뇌리를 스치고 지나갔다. 그동안 재기하느라, 공부하느라 몸 돌볼 시간조차 없었다. 아니 어찌 보면 사치처럼 느껴졌다. 참 바보같이 살아온 지난날, 그러나 후회는 없다. 그렇게 애써 살아온 덕택에 지금은 행복하니 지난 과거를 후회할 필요는 없다.

생소한 일련의 검사들……. 심전도, X-RAY, 위내시경 등……. 초등학생처럼 졸졸 따라다니며 검사를 받았다. 드디어 위 내시경을 받을 차례가 되자 약간의 두려운 생각이 들었다. 병원에 가기 전부터 위(胃) 내시경을 받을 때는 검사할 때 고통스러우니 수면내시경을 하라는 지인의 염려에도 마취를 안 하고 검사를 받았다. 정말이지 아프고 안 아프고를 떠나 마취로 인해 내 인생 잠시라도 눈을 감기가 싫어서 수면 내시경을 하지 않았다.

약간의 통증을 참으며 검사를 받아보니 다행이 아무 이상이 없었다. 그저 감사할 뿐이다.

문득 생각을 했다. 이렇게 무심했던 나를 아무 일 없게 해주셨으니 '이제부터는 더 열심히, 더 건강하게 살면서 나에게 주어진 하늘에 소명이 무엇인지를 찾아 그 길을 애써 가야지' 하는 생각과 '그동안 게을러서 못나가던 태권도장에 가서 느슨해진 몸을 더 단단하게 만들어야지' 하는 다짐을 하는 의미 있는 하루를 보낸 것 같다.

다시 한 번 지인과 병원장님 그리고 임상병리 실장님께 감사를 드린다.

우리 동네 만두집 이야기

퇴근 후에 저녁 먹으며 술을 한잔 했다. 터벅터벅 아파트를 향해 늦은 밤길을 걷는다. 밤 12시가 다 되었는데 만두집 불이 환하다. 매번 11시 정도면 정리하고 들어 갈 시간인데 오늘은 늦었나 보다. 집에서 기다리는 아내 생각에 만두를 사가려고 가게에 들어섰다. 원래 무뚝뚝한 만두집 아주머니……. 오늘도 예외는 아니다. 주문한 만두를 찌려고 솥에 만두를 집어넣는 아주머니 7분을 기다리란다. 이내 아주머니의 손이 바빠졌다. 무엇을 하는지 유심히 살펴보았다. 10여 개 되는 양념 통을 앞에 두고 양념을 한 술, 한 술 떠서 그램(g)을 재고 있었다.

장사 잘되는 집은 반드시 무언가 있기 마련이다.

오랜 세월 동네 사람들의 입맛을 사로잡는 비결을 오늘에야 볼 수 있었다. 보통 만두 속을 만들 때 양념 조합은 감으로 적당히 하는 줄 알았다. 미세한 양념을 미세저울로 일일이 계량하여 만두 속을 만드는 정성. '아! 저래서 저 집 만두는 언제 먹어도 똑같은 맛을 낼 수 있는 것이구나!' 하고 느꼈다.

아주머니가 개근해서 양념을 만들어 주면 아저씨는 안쪽에서 만두 피에 만두 속을 익숙한 솜씨로 만들어 내곤 한다. 열심히 사는 부부의 모습 너무 보기 좋았다.

보기 좋고 프로정신과 같은 모습에 친근히 다가가 물었다.

"매일 만두 속 재료를 그렇게 일일이 저울로 달아 만드나 봐요?"

돌아오는 답 역시 짧고 무뚝뚝하다.

"그럼요. 그래야 맛이 일정하고 맛있지……."

생활 속에서 미담이다, 프로정신 가지고 사시는 분들의 글을 써 온 터라 순간 글 쓸 소재가 하나 생겼다 싶어 다시 한 번 물었다.

"재료는 뭐, 뭐가 들어가나요?"

질문이 나가자마자 말없는 아저씨 무거운 입을 여신다. 나를 보는 눈초리가 무섭다. 순간 당황했다.

"그건 왜 물어봐요."

남의 영업 노하우를 왜 물어보냐는 투다.

아차, 싶어 "아~ 다른 게 아니라요. 만두 속을 만드는 양념(재료)을 다 알려 달라고 하는 게 아니고 한 3가지 정도만 알았으면 해서 한번 물어 본 거예요. 사실은요……. 저는 글 쓰는 사람이거든요."

만두가게의 불필요한 오해를 풀기 위한 대답이었다. 또 한방 먹었다

"글 쓰는 사람이면 글이나 쓰지 그딴 건 왜 물어봐……."

야밤에 이상한 사람이 되었다. 몇 년째 이용하는 동네가게 치고는 너무 야박했지만, 만두를 들고 터벅터벅 향하는 발길에는 많은 생각이 오고 갔다. 그분들은 만두가게가 생활의 터전이고, 가게가 잘되어야 자녀들 교육도 시키고, 원하는 소박한 꿈도 이룰 수 있는 행복 공간이다. 따라서 행복의 공간을 침해하는 사람에게는 고객을 떠나 사납게 공격하는 본능이 있을 거라 생각했다.

어릴 적 제비 집을 건드리면 어미가 순간적으로 다가와 쪼아대고 울

부짖는 광경을 많이 보았지 않은가!

그분들이 좋다. 비록 내 마음을 몰라 퉁명스럽게 답하는 마음에도 그 마음속만은 맛있는 만두 속처럼 여리고 따뜻함이 살아 숨 쉴 거라고 생각했다.

내 주변에 이처럼 열심히 사시는 분들이 있어서 좋다. 그러한 분들이 많은 동네에서 살고 싶다. 그렇게 열심히 사시는 분들의 가정에 봄 햇살처럼 따스한 행복이 스미길 빌어 본다.

엉뚱한 것을 물어봤다. 제대로 한마디 먹었다. 하~ 하……. 그럴 '만두' 했다.

아파트 정문 들어서니 지렁이가 반긴다

비가 내린다. 인생 2막을 끝내고 약간의 취기에 기분이 좋았나 보다. 콧노래를 부르며 아파트로 향했다. 한참을 걷다 보니 웬 나뭇가지 같은 물체가 있어 유심히 보니 이놈이 갑자기 움직이기 시작한다. 자세히 보니 지렁이다. 족히 한 20센티는 되는 것 같다.

지렁이를 보자 어제 소리꾼 장사익 님의 공연 중 멘트가 떠오른다. 자신이 용문사 공연을 갔을 때 일화 하나를 말씀하셨다.

언젠가 공연을 하려고 용문사에 들어서는데 너무 진한 냄새가 나서 스님께 물어봤다고 한다.

"스님, 저기에 있는 해우소(解憂所)를 좀 옮기면 좋겠다"고 말하자, 스님께서는 정색을 하시며 "쉿……. 그런 말씀하시면 저 영감한테 혼나요" 하시며 은행나무를 가리키더란다. 그러면서 "저 영감이 지금까지 그 냄새 맡고 1,100년을 건강하게 살았다"는 말씀을 들려주었다 한다.

의미심장한 스님의 말씀 같았다. 이처럼 사람 냄새 나는 환경이 좋은 환경이라는 교훈을 준 듯하다. 지렁이를 보면 징그럽다는 생각 이전에, 아파트 환경이 좋으니 지렁이도 함께 사는 것이다. 자연과 친한 삶이 건강한 삶이라는 생각을 해 보았다.

2,400원과 3,000원이 주는 교훈

아침에 회사에 출근을 해서 무심코 바지주머니를 만지자 600원의 동전이 손에 잡혔다. 보아하니 어제 택시타고 남은 거스름돈이다. 순간 어제의 일이 떠올라서인지 개운치 않은 마음으로 동전을 저금통에 넣었다.

요즘 비즈니스를 핑계로 대리운전 하는 횟수가 빈번하다. 그러나 어제는 집에 차를 세워두고 식사를 하러 나갔다. 부슬부슬 비가 내렸다. 지인과 식사를 하며 소주 한잔을 마시다 보니 취기는 달아올랐다. 비가 오는지라 택시 잡기가 쉽지 않았다. 때마침 택시가 온다. 기쁜 마음으로 기사님께 인사를 하며 택시에 올라탔다.

순간 서먹한 분위기……. 오히려 반갑게 인사한 내가 머쓱해졌다. 아파트 입구까지 가는데 얼마나 부담스러운지……. 다른 때 같으면 잔돈이 아니라 천 원, 이천 원이라도 더 드리는데 어제 만큼은 왠지 거스름돈을 꼭 받고 싶었다. 왜 이렇게 서비스가 실종되었는지? 참 안타까운 일이다. 미터기에 찍힌 택시요금 2,400원을 받는 것과 택시요금 2,400원에 서비스 팁 600원을 더해 3,000원을 받는 차이는 대단히 크다. 그것은 돈 몇 푼 더 벌고 안 버는 문제가 아닌 서비스 가치의 문제요, 나아가 성공의 습관이 달린 문제요, 행복의 크기에 관한 문제이기 때문이다.

‘서비스의 크기가 인생의 크기다.’ 누구나 행복하기를 원하고, 또한 원하는 성공을 이루기 위해서는 우선적으로 자신의 서비스의 볼륨을 키우는 연습이 먼저 선행되어야 가능하다는 교훈이기도 하다.

10일의 행복, 미용실 이야기

깍두기 머리……. 내가 좋아하는 머리스타일이다. 그렇다보니 머리 손질이 잦다. 한 달에 3번은 커트를 하니까 단골 미용실에서는 늘 VIP 대접을 받곤 한다. 자주 머리를 깎는 탓에 미용실은 돈 벌어서 좋고, 나는 10일 동안 행복해서 좋다. 머리를 깎으면 마음도 즐겁다. 그렇게 몇 년이 흘렀다. 그러던 중 다니던 미용실의 전용 미용사가 바뀌었나 보다. 그전 미용사는 참 폼 나게 머리 잘 깎아 줬는데…….

할 수 없이 또 다른 미용실을 찾아야 했다. 집 앞 근처의 미용실을 찾아 들어갔다. 들어가면서부터 서비스가 엉망이다. 하는 수 없이 앉아서 머리를 깎았다. 미용사는 손님은 안중에 없고 오히려 TV 연속극에 더 관심이 있는 듯하다. 짜증은 났지만 처음 간 나는 하는 수 없이 꾹 참고 머리는 깎을 수밖에……. 아니나 다를까 미용실을 나오는 순간까지 서비스라고는 찾을 수가 없었다.

"머리 감을래요?" 부터 시작해서 "왜 그리 왔다 갔다 하세요?" 까지…….

당연히 외출복장이니 말 안 해도 머리를 감아줘야 하고, 벗어놓은 안경을 찾다 보니 두리번거렸을 뿐인데……. 2명이 있었기에 그 사람이 주인인지 종업원인지 알 수는 없다. 하지만 습관화된 실종된 서비스 앞에 할 말이 없었다. 에구, 저렇게 해놓고 장사가 안 되면 경기 탓만 하겠지…….

"얼마예요?"

"6,000원요."

만 원짜리 한 장을 꺼내며 결국은 한마디 해주고 나왔다.

"내가 미용실 다니면서 잔돈이 있어도 꼭 만원을 주었던 사람인데 오늘은 받아가야겠네요."

쓸쓸한 뒷말을 남기며 돌아오는 길 문득 예전 미용사가 생각이 났다. 종업이면서도 외려 주인인 양 열심히 일했던 그분이 늘 행복하길 바랐다.

'단골 1명이 부르는 경제효과! 불황일수록 고객관리에 만전 기해야.'

신문 기사가 또렷이 보였다. 어려울 때일수록 고객 한 명이 소중하고 단골손님 한 명이 더더욱 중요하다. '기본 서비스를 위에 기대 이상의 서비스가 제공될 때 고객은 돈이 아닌 만족이라는 선물을 주고 문을 나선다' 는 사실을 알았으면 좋겠다.

'한 번 실망하고 돌아선 고객은 다시 그 집을 찾아 '한 번 더' 라는 기회를 주고 싶어 하지 않기에…….'

정신없이 살아야 그나마 밥 먹는다

토요일이다. 남들은 쉬는 날, 우리 회사는 정상근무를 한다. 주말인데 그래도 열심히 일하는 직원들 생각에 집을 나섰다. 아파트 단지를 막 나가려다 구두를 닦으려고 구두수선점 앞에 차를 세웠다. 수선점 아저씨가 오늘은 기분이 좋은 모양이다. 한동안 눈이 많이 오고 추웠기 때문에 그동안 손님이 많이 없었던 모양이다. 그러나 오늘 날씨는 아주 포근하다. 내 구두를 닦는 동안 손님 3명이나 와서 부츠와 하이힐을 맡기고 간다.

아저씨를 향해 "아저씨! 오늘은 정신없네요?"라며 한마디를 하자 아저씨는 빤히 내 얼굴을 쳐다본다.

"요즘 제정신가지고 살면 어디 밥 먹어요? 이렇게 정신없이 살아야 그나마 밥 먹고 살아요……."

아저씨는 푸념하듯 내뱉는다. 요즘 경기가 안 좋은데다 날씨까지 추워서 많이 힘드셨던 모양이다. 열심히 일하고 정신없이 살려고 해도 너무 어려운 인생살이 그 모습이 서민의 힘겨운 삶이구나 하는 생각을 하였다. 이렇듯 우리네 아버지들은 정신없이 살아도 일거리만 있으면 하는 바람이 많은데…….

요즈음 젊은 친구들……. 그들도 훗날 이처럼 어려운 생존의 몸부림 속에 살아야 함을 좀 더 빨리 알았으면 하는 바람을 가져본다.

남동공단으로 들어서는 도로가 한산하다. 주5일제라서 그런 것만은 아닌 것 같다. 회사들이 어렵고 일거리가 많지 않아서 그런 거라 생각하니 공업단지 분위기가 더욱 을씨년스럽게 느껴진다.

어머님 생각

　지금 시각 오후 6시 24분, 오늘은 아무것도 먹지 않았다. 하루 종일 커피만 마셔댔다.

　지금도 역시 냉수만 조금씩 마시며 허기진 배를 달래고 있다.

　아침에 어머님으로부터 몸이 편찮으시다는 전화를 받았다.

　좀처럼 아들 일하는데 방해될까봐 내색하지 않던 어머님, 오늘만큼은 평소와 달리 심하게 아프다는 말씀을 하신다. 아니나 다를까 어머님으로부터 전화를 받자마자 아무 생각이 없다. 업무도 손에 잡히지 않고, 먹는 것도 잊었다.

　하루 종일 우울하다.

　평상시는 어떤 어려움이나 시련이 있어도 태연했던 내가 오늘만큼은 달랐다.

　어머님을 생각하자 그저 자식 된 도리로서 죄스런 마음뿐이다.

　가슴이 저민다. 마음 같아선 당장이라도 달려가고 싶다.

　좀 더 오래 사셔야 하는데……. 이제 좀 살만한데…….

　하루 종일 망치로 내려맞은 듯 어머님에 대한 애틋한 생각 그리고 그리움이 한없이 밀려온다.

봄비가 내리는 날

어머님 가신 날 눈물조차 흘릴 수 없었습니다.

불효한 자식으로서 울 자격도 없는 놈이라 생각했습니다.

슬피 우는 자신이 너무 뻔뻔한 것 같다는 생각에

혼자 자책하며 울지 못했습니다.

애써 참은 눈물

봄비가 되어 내리는 모양입니다.

'세상에서 제일 좋은 이름, 어머니.'

그 이름 불러보고 싶어 이렇게 비가 내리나 봅니다.

어머니의 마음은 태산 같아서

한동안은 무척 마음이 허전할 것이라는

지인의 이야기가 또 한 번 눈물 나게 합니다.

태산이 빠져나간 듯한 마음

무엇으로 메워야 될지…….

내 마음 비가 되어 이렇게 주룩주룩 내리나 봅니다.

어머님의 사랑

당신이 아파 누우신 후에야
효(孝)가 무엇인지 알았습니다.
당신이 위독하신 후에야
불러보고 싶은 어머님에 대한 그리움을 알았습니다.
당신께서 기력이 없어 눈을 감을 때
산과도 같은 어머니의 존재를 느낄 수 있었습니다.

당신이 침상에 누어 힘들어 하시면서도
내 손을 꼭 붙잡을 때
당신의 체온과
눈에 가득 배인 사랑을 읽을 수 있어 행복했습니다.

눈빛으로 보내주는 당신의 한없는 사랑 앞에
이 자식은 못 다한 효(孝)에 무릎을 꿇고
간절히 기도(祈禱)를 합니다.

당신의 사랑……. 이제라도 알았으니.
당신의 모습 좀 더 오래 보게 해달라고…….

생일날 아침이면 매년 오던 전화가……

나이가 들수록 생일날이 되면 으레 차분해지는 느낌이 든다.

올해 역시 여느 해와 같이 차분해진다.

출근 길 많은 차들 사이로 내 차는 말없이 달리고 있다.

으레 이 시간쯤이면 전화 한 통을 받아야 하는데 오늘은 조용하다.

다름 아닌 어머니의 전화다.

매년 생일날 아침이면 "아이고 우리 애기 미역국 먹었냐?"

살갑게 전화를 주시는데 올해는 전화가 없으시다.

올해 4월 어머니 돌아가시고 처음 맞는 생일이라서 그런지 생일인데도 기쁜 마음이 없고 마음이 허했다. 마음에 빈 구석이 생긴 것은 어머니의 사랑이 빠져나갔기 때문일까?

누가 뭐래도 하늘나라에서도 아들에게 끊임없는 사랑을 주고 계시리라 믿지만 단지 이 불효한 자식이 느끼지 못하기에 마음이 허할 뿐이라는 생각이 앞선다. 어머니의 마음은 세월이 가도, 생사를 달리해도 변하지 않는다. 오직 변할 수 있는 것은 자식 된 자의 마음일 뿐이다.

허전한 생각을 갖지 말자. 내가 떠나보내지 않는 한 어머니의 사랑은 내 곁을 떠나지 않을 테니까…….

갑자기 어머니에 대한 그리움이 밀려온다.

내 가슴에 머물러 있는 사람

명절날이 되면
홀연히 내게 나타나는
고마운 사람이 있습니다.

내가 세상과 싸우다 지쳐
절망과 고통에 잠길 때
어김없이 나타나
내게 용기와 자신감을 주시는
고마운 사람이었습니다.

이번 추석에도 예외가 아니었습니다.
내 손을 꼬옥 잡으며
그간 고생했다고
우리 애기 자랑스럽다며
말없이 눈물을 흘리셨습니다.

언제나
내 가슴에 머물러 있는 사람

바로 그분은

내가 세상에서 제일 사랑하는

나의 어머니입니다.

아직도 가족에게 묻어둔 말 한마디

왜?

이 한마디가 그리 어렵습니까?

왜?

그토록 하고 싶은 말을 가슴에 묻어두고 있습니까?

말 못하고 지내온 오랜 시간들…….

이제 조용히 꺼내 보렵니다.

살며시 다가가 말해주고 싶습니다.

너를…….

사랑한다고…….

당신을…….

사랑한다고…….

가족을 향해 묻어둔

'사랑한다'는 말 그 한마디를 하기까지 만 10년.

만 10년이 지난 오늘에야 알았습니다.

아직도 자녀에게 말 못한 한마디

문득 유학길에 오른 아들 녀석 생각이 난다.

그리움에 전화를 하려다 이내 꾹 참는다.

시차가 13시간 낮과 밤이 바뀐 관계로 전화하기가 쉽지는 않다.

자식에 대한 그리움이 싹틀 시간은 으레 저녁노을이 물들 무렵 행여 목소리라도 듣고 싶어 전화기를 들었다 그냥 내려놓는다.

오늘은 갑자기 아들 녀석 생각이 더 많이 난다.

세상 그 어떤 아이보다 더 끔찍이 사랑하는 아들에게 중고등학교 시절 한참 성장기에 왜 더 살갑게 부자의 정을 나누지 못했는지 아쉬운 생각이 마음을 후빈다. 오늘 그래서 더욱 막내 녀석이 보고 싶은 모양이다.

마음속에 있는 말 조심스럽게 꺼내 이야기한다.

"나는 세상에서 우리 아들이 제일 사랑스럽다고……."

"우리 아들이 세상 그 어느 누구보다도 더 듬직하다고……."

전화에 대고 직접 말하지는 못해도 이렇게 글로라도 쓸 수 있어 그나마 마음이 좀 편안하다.

이런 부모의 마음, 자식은 알까?

어머니에 대한 불효가 나를 아프게 한다

어머니께서는 그렇게 가시면서 '그리움'이란 단어를 유산으로 주고
가셨나 보다. 내 가슴에 남긴 사랑만큼이나 그리움 또한 많이 남아 있
으니 말이다. 어머니 생각하자 금세 또 눈시울이 젖어온다.

불러보고 싶지만 대답이 없다. 오늘 같은 날은 어머니가 참 많이 그
립다. 가만히 불효가 떠오른다. 어디 불효가 한두 가지겠느냐마는 그
중에서도 제일 마음 아픈 게 있다. 살아 계실 때 어머니 속옷 한 번 사
드리지 못한 게 두고두고 후회가 된다.

우연히 들은 친구의 말 한마디가 나를 이렇게 마음 아프게 할 줄이
야……

어느 날 친구가 말한다. "어머님께 팬티와 브래지어를 선물했더니
어머님께서 그리 좋아하시더라"는 이야기를 했다.

"80세가 되셨지만 여자는 여자더라."

아직도 친구의 그 한마디는 내게 씻지 못할 불효로 남아있다.

꽃무늬를 유난히 좋아했던 어머니…… 살아생전 꽃무늬 팬티와 브
래지어를 받았으면 얼마나 좋으셨을까…….

그 생각을 할 때마다 가슴이 저민다. 올해 기일(忌日)에는 꽃바구니만

어머님 영전에 바쳤다. 그러나 내년 기일에는 꽃바구니 속에 세상에서 가장 예쁜 팬티와 브래지어를 넣어 어머님께 꼭 드리고 싶다. 왜 진즉 그 마음을 몰랐을까? 생각할수록 마음 아프다.

작은미소(shinmiso)
http://cafe.naver.com/booknbeanstalk/81372

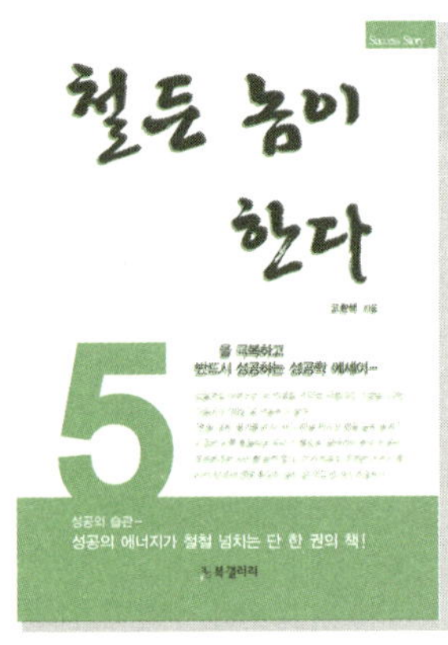

철든 놈이 성공한다
고환택 지음
BG북갤러리 2009. 01. 07

책을 통해서 얻는 유익 중 하나는 타인의 삶과 철학을 배울 수 있다는 것이다. 따라서 책을 잘 선정하여 읽을 때 느끼는 희열은 이루 말할 수 없다.

흔히 자기계발서는 이론적 가치들을 풀어 쓰는 것들이 많다. 그래서 좋은 내용과 유익한 과정들이 많이 소개되어 있지만 가슴으로 느끼기에는 뭔가 부족한 듯한 느낌을 갖게 한다.

하지만 《철든 놈이 성공한다》라는 책은 저자의 열정과 희망들이 가감 없이 기록되어 있어 공감을 갖게 하는 매력이 있다. 일기처럼 적어내려 간 희망이야기들이 독자로 하여금 숨겨진 열정을 찾아주게 한다.

제목에서 느끼듯이 저자의 파란만장한 삶과 일에 대한 순수한 열정이 느껴진다.

저자 고환택 사장은 자수성가하여 이룬 기업을 IMF 당시 부도라는 경험을 딛고 아름답게 재기에 성공한 기업인이다. 책을 통해서 만나는 저자는 성공이라는 이력을 통해서 아름답다기보다는 성공을 이루어가는 열정이 너무 아름답다.

저자는 어려운 시대를 살아가고 있는 요즘에 많은 사람들에게 희망을 논하고자 책을 출간하였다고 한다. 실제 책을 읽고 있노라면 나도 한번 도전하고 싶다는 열정이 솟아난다. 당장 오늘부터 작은 것부터라도 시작할 수 있는 맘을 갖게 한다.

저자와 나 자신을 많이 비교해가면서 책을 읽었다. 특히, 아무것도 없는 빈손으로 시작하는 것이 소원이라는 저자의 바람을 통해 나는 너무 많은 핑계거리를 찾고 있지는 않았나 반성하게 되었다. 주변에 할 수 있는 것들이 너무 많음에도 도전하지 않았다는 부끄러움을 보게 되었다. 화장실 청소, 사무실 정리, 일찍 출근하기, 전공분야 공부하기, 일기쓰기 등등 사소한 일로 치부하며 회피한 것이 너무 많이 보이게 되었다.

저자는 참 멋있다. 바쁜 생활 중에서 중심을 잃지 않고 있다. 녹록치 않은 사업현장을 지키면서도 배움의 끈을 놓지 않고 꿈을 이루기 위해 도전하는 열정이 있다. 가족을 사랑하고 직원들을 사랑하는 순수함을 놓치지 않고 있다. 그래서 아름다운 사람이다. 책을 읽고 나면 전염성 강한 바이러스처럼 저자의 열정과 희망이 독자에게 스며들게 한다.

저자를 인정할 수밖에 없었다. 성공한 기업인이어서 인정하는 것이 아니라 성공할 수 있는 충분한 가치들을 가지신 분이기에 인정하는 것이다. 오랜만에 가슴에 와닿는 자기계발서를 접한 기쁨이 넘치는 시간이었다.

사랑이 충만하소서!!!

아무리 채워도 채워지지 않는 고마움의 창고

'고마움의 창고'는 사용하지 않으면 않을수록
용량이 급격히 줄어들지만,
계속 사용하고 또 사용하다 보면
더욱 커져만 가는 것이 고마움의 창고다.
누구나 마음속에는 고마움의 창고가 있을 듯싶다.
오늘따라 직원들에 대한 고마움으로 가슴이 저며 온다.

– 고환택 지음, 《철든 놈이 성공한다》에서

* * *

좀 늦게 가는 것도 나쁘지 않다

거목(巨木)은 백년, 천년 더디게 자라지만
마디마디 굳건함과 풍성함이 따를 것이 없는 것처럼
세월을 두고 세월의 무게가 더해져야
인생도 제 맛이 나는 법입니다.

– 고환택 지음, 《철든 놈이 성공한다》에서

(출처 : '행복한 경영이야기'에서)